KELLER EASTERLING

CIUDADES GLOBALES DOBLES

World City Doubles

ARQ
ediciones

ESCUELA DE ARQUITECTURA
FACULTAD DE ARQUITECTURA, DISEÑO
Y ESTUDIOS URBANOS

ARQ ediciones

DIRECTOR
ESCUELA DE ARQUITECTURA UC
Emilio De la Cerda E.

EDITOR GENERAL
EDICIONES ARQ
Francisco Díaz P.

ARQ DOCS es una serie editada por
Ediciones ARQ de la Escuela de
Arquitectura UC, con el apoyo de la
Facultad de Arquitectura, Diseño
y Estudios Urbanos (FADEU) de la
Pontificia Universidad Católica de Chile.

EDITADO POR EDICIONES ARQ
El Comendador 1936
Providencia, Santiago,
Chile [753 0092]
TEL. (562) 2686 5630

ARQ LIBROS
libros@edicionesarq.cl
www.edicionesarq.cl

REVISTA ARQ
revista@edicionesarq.cl
www.scielo.cl/arq.htm

EDICIÓN: Francisco Díaz, Francisco Quintana
PRODUCCIÓN GRÁFICA: Carolina Valenzuela
PRODUCCIÓN EDITORIAL: Lucía Galaretto, Constanza Larach
CORRECCIÓN DE ESTILO: Gabriela Cancino, Francisco Díaz
DIRECCIÓN DE ARTE: Trinidad Sánchez
DIAGRAMACIÓN: Ediciones ARQ
TRADUCCIONES: Constanza Larach, Francisco Díaz
IMPRESIÓN: Print on demand version.

Primera edición
Santiago de Chile, diciembre 2017

This text was first published in English in:
Rodolphe El-Khoury and Edward Robbins, eds.,
Shaping the City: Studies in History, Theory and Urban Design
(New York: Routledge, 2013).

KELLER EASTERLING

— Ciudades mundiales dobles

World City Doubles

WORLD CITY DOUBLES

KELLER EASTERLING
Professor, Yale School of Architecture
New Haven, CT, USA

The nation-state often portrays itself and its network of capital cities as an ultimate form. Yet as power continues to amass and disperse in recurring patterns as it has throughout the ages, world capitals preside over empires and regions, as well as nations. Some are city-states unto themselves.

In the fabled pairing of, for instance, Beijing and Shanghai, Washington D.C. and New York, Ankara and Istanbul, the national capital is the more sober inland location that stands in contrast to its market partner, often a maritime city with a long record of promiscuous trading and cosmopolitan intelligence. The mercantile city is sometimes cast as the sister city or the shadow entity, seemingly ceding power and official jurisdiction so that it can grow extranational power outside of the cumbersome regulations of government. Yet contemporary versions of this sister city are not merely *alter egos* of the national capital, but often something more like independent city-states – the descendants of Venice or Genoa when they were trading centers of the planet.

Recombining urban power genetics into yet another species of urbanism, they exceed the interests of global financial centers such as London, New York, Frankfurt, or Sao Paulo.[1] They also exceed the requirements of the fabled 'region state' – the financial and transshipment nexus of late twentieth-century globalization theory.[2] Some contemporary world cities like Hong Kong and Singapore are not only the crossroads and destinations of national expedition and franchise but also the centers of global franchises that have property nested in holding companies and national territories all around the world. Their agents of franchise may be global trade conglomerates

El estado-nación se presenta a sí mismo y su red de ciudades capitales como una forma extrema. Pero a medida que el poder continúa acumulándose y dispersándose en patrones recurrentes, como ha ocurrido a lo largo de siglos, las capitales mundiales presiden por sobre imperios, regiones y naciones. Algunas, incluso, son ciudades-estado en sí.

Por ejemplo, en las legendarias parejas de Beijing y Shanghai, Washington D.C. y Nueva York, Ankara y Estambul, la capital nacional es la ubicación continental más sobria que contrasta con su socia mercantil, habitualmente una ciudad marítima con un largo historial de comercio promiscuo e inteligencia cosmopolita. La ciudad mercantil, a veces expresada como la ciudad hermana o la entidad a la sombra, aparentemente cede el poder y la jurisdicción oficial para hacer crecer el poder extranacional, fuera de las engorrosas regulaciones del gobierno. Sin embargo, las versiones contemporáneas de estas ciudades hermanas no son simplemente el *alter ego* de la capital nacional, sino que a menudo son más como ciudades-estado independientes, descendientes de Venecia o Génova cuando éstas comerciaban con los centros del planeta.

Al recombinar la genética del poder urbano en una nueva especie de urbanismo, exceden los intereses de los centros financieros globales como Londres, Nueva York, Frankfurt y Sao Paulo[1]. También superan los requerimientos de las míticas 'regiones-estado', junto a los nexos financieros y de transbordo de la teoría de la globalización de fines del siglo XX[2]. Algunas ciudades globales contemporáneas como Hong Kong o Singapur no son sólo el cruce y el destino de expediciones y franquicias nacionales, sino también los centros de franquicias globales con propiedades anidadas en *holdings* y territorios nacionales alrededor del mundo. Los agentes

(e.g., Singapore's PSA or Hong Kong's Hutchison Port Holdings) that are the modern descendants of organizations like the Dutch or the British East India Companies. Merging the techniques of freeport traders, pirates and mercenaries, the free zones of the new world city create legal habitats for contemporary trade that naturalize the insertion of extranational territory within national boundaries.

While Western superpowers have perhaps grown accustomed to the idea that world cities like Singapore or Hong Kong are much more than the product of their own colonial ventriloquism, an emergent world city like Dubai presents an unusual political foundation and an abrupt conflation of ancient and contemporary worlds. The usual pairing of Abu Dhabi and Dubai as capital city and mercantile city would appear at first to follow familiar models. The two play their roles well until it becomes clear they are both capital city and world city in another time and dimension. The United Arab Emirates (UAE) is a federation of some of the world's last functioning kingdoms, seemingly asleep during the most bombastic chapters in the grand history of national sovereignty. During the very centuries that nations have emerged as a dominant framework, so too have substantial networks of transnational business exchange and infrastructure building. The UAE is reawakened by oil at a moment when nations bluster patriotic while also developing more relationships in this transnational milieu. Already an 'anational' society, the UAE evolves, within the legal climates of free trade, a form of governance for which national/democratic structures are mimicked in organizing dynasties.[3] Mixtures of bargains and monarchical decrees are designed to handle global dealings with businesses that have managed to shed what they regard to be some of the most cumbersome of those national regulations that the UAE never possessed. In these dealings, ancient kingdoms and contemporary empires recognize and merge with each other to form a world capital of sorts.

The presence of world capitals like Dubai does not support the assumption that transnational sovereignty is waxing as national

de dichas franquicias pueden ser conglomerados de comercio global (por ejemplo, PSA de Singapur o Hutchison Port Holdings de Hong Kong), que son los descendientes modernos de las compañías holandesas o británicas en India Oriental. Combinando técnicas de mercantes portuarios, piratas y mercenarios, las zonas libres de las nuevas ciudades mundiales crean hábitats legales para el comercio que neutralizan la inserción del territorio extranacional en fronteras nacionales.

Si bien las superpotencias occidentales se han ido acostumbrando a la idea de que las ciudades mundiales como Singapur o Hong Kong son mucho más que el producto de su ventriloquismo colonial, una ciudad mundial emergente como Dubái presenta una fundación política inusual y una fusión abrupta entre mundos antiguos y contemporáneos. El par de Abu Dabi y Dubái como ciudad capital y ciudad mercantil parecía, inicialmente, seguir los modelos usuales. Las dos desempeñan muy bien sus roles, dejando claro que ambas son ciudad capital y ciudad mundial de otro tiempo y dimensión. Los Emiratos Árabes Unidos (EAU) son una federación que congrega a algunos de los últimos reinos mundiales en ejercicio, aparentemente dormidos durante los capítulos más rimbombantes de la gran historia de soberanía nacional. En los mismos siglos en que las naciones surgieron como estructura dominante, también lo hicieron las redes de intercambio comercial transnacional y de construcción de infraestructura. Los EAU fueron despertados por el petróleo en un momento en que las naciones se volvían más patrióticas, mientras desarrollaban a la vez más relaciones en este entorno transnacional. Ya siendo una 'sociedad a-nacional', dentro de los climas legales del libre comercio los EAU evolucionan hacia una forma de gobernanza en la que las estructuras nacionales/ democráticas son imitadas en la organización de las dinastías[3]. Se diseñan mezclas entre decretos monárquicos y arreglos para manejar acuerdos globales con empresas que han logrado deshacerse de lo más engorroso de aquellas regulaciones nacionales que los EAU nunca tuvieron. En estos acuerdos, los antiguos reinos y los imperios contemporáneos se reconocen y fusionan para formar una suerte de capital mundial.

sovereignty wanes. It may be more accurate to see a historical continuity of global activity within which state and non-state forces, acting together, craft the most advantageous political and economic climates by alternately sheltering, releasing, and laundering their power. Business may, for instance, seek out relaxed, extrajurisdictional spaces – Special Economic Zones (SEZs), Free Trade Zones (FTZs), Export Processing Zones (EPZs), etc. – while also massaging legislation in the various states they occupy (NAFTA, GATT). The stances of any one nation or business are therefore often duplicitous or discrepant reflections of divided loyalties between national and international concerns or citizens and shareholders.

The customary portfolios of political indicators will not always reliably return information about these complex state/non-state partnerships. They often create political events that exceed epistemes of war, nation, citizen, and capital. In a contemplation of world capitals, the UAE exposes the limits of the national capital as a self-styled unit of grand historical continuities. With the insulated caprice of petro dollars and free zones, the UAE leads with the increasingly common duplicitous handshake. The triggers and levers of this power may not be easily moralized and analyzed by the left or the right; they may be more venal and evasive as well as more shrewd and innovative. The UAE embodies a transnational extrastatecraft filled with both the dangers and opportunities that rule the world today.

***

La presencia de capitales mundiales como Dubái no respalda la suposición de que la soberanía transnacional crece a la par con el declive de la soberanía nacional. Puede ser más preciso ver una continuidad histórica de la actividad global en la que las fuerzas estatales y no estatales, actuando en conjunto, crean climas políticos y económicos más ventajosos al alojar, desatar y blanquear su poder de forma alternada. Por ejemplo, los negocios pueden buscar espacios de jurisdicción relajada – Zonas Económicas Especiales, Zonas Francas, Zonas Francas Industriales, etc. – mientras también manipulan la legislación de los diversos estados que ocupan (TLCAN, GATT). Por ende, las posturas de cualquier nación o empresa son reflejos duplicados o discrepantes de lealtades divididas entre intereses nacionales e internacionales, o ciudadanos y accionistas.

Los indicadores políticos no siempre entregarán información confiable sobre estas complejas asociaciones estatales/no estatales. A menudo crean eventos políticos que exceden las epistemes de guerra, nación, ciudadano y capital. En un panorama de las capitales mundiales, los EAU exponen los límites de la capital nacional como una unidad autodenominada de grandes continuidades históricas. Con el capricho aislado de petrodólares y zonas libres, los EAU lideran la costumbre, cada vez más común, del falso apretón de manos. Las perillas y controles de este poder no pueden ser fácilmente moralizados y analizados por la izquierda o la derecha; pueden ser más venenosos y evasivos, o bien más perspicaces e innovadores. Los EAU encarnan un *extrastatecraft* [manejo extra estatal] transnacional, lleno de peligros y oportunidades, que gobierna el mundo de hoy.

***

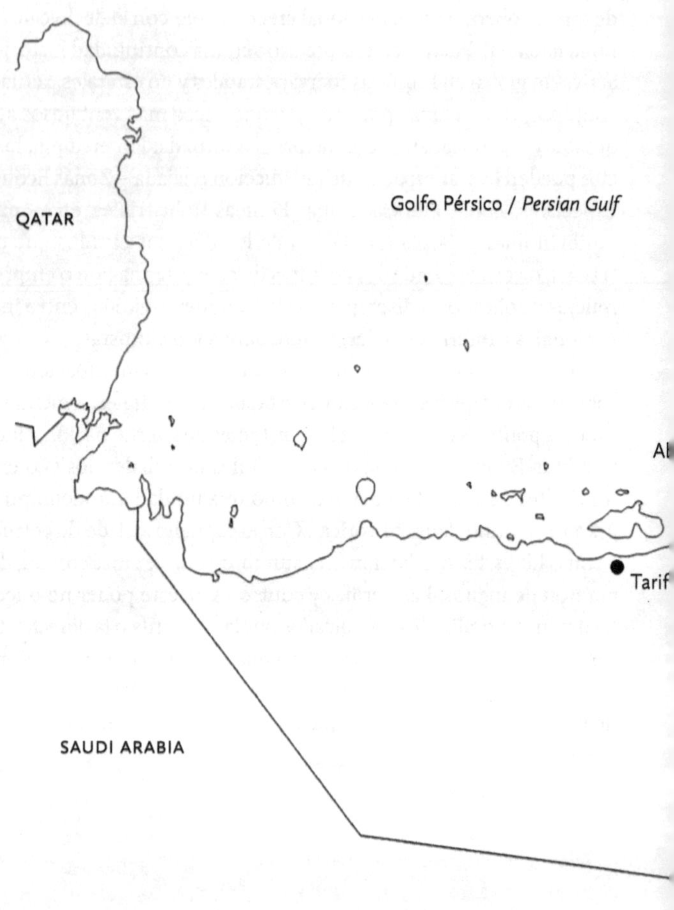

FIG. 1. United Arab Emirates Map. © Ediciones ARQ

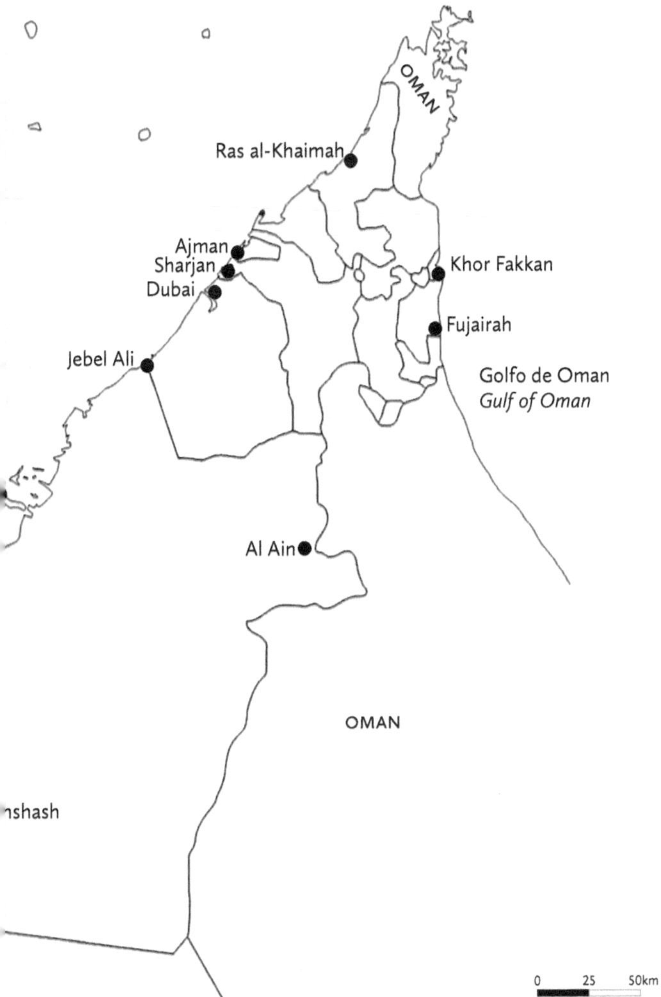

FIG. 1. Mapa Emiratos Árabes Unidos. © Ediciones ARQ

Legend / Leyenda
1. Jebel Ali Port
2. Jebel Ali Free Zone
3. International Jebel Ali Airport
4. Sport City
5. Media City
6. Internet City
7. Knowledge Village
8. International City
9. Dubai International Finantial Center
10. Festival City
11. Healthcare City
12. Maritime City

FIG. 2. Dubai. Zone Map. © Ediciones ARQ

FIG. 2. Dubái. Mapa de zonas. © Ediciones ARQ

Dubai. The hot spot where adventurers play the world's most dangerous
games of gold, sex, oil, and war.

Dubai. A wild, seething place in the sunbaked sands of Arabia, where
billion-dollar carpetbaggers mix explosive passions with oil. And exotic
pleasures pay fabulous dividends.

Whores, assassins, spies, fortune hunters, diplomats, princes and pimps—
all gambling for their lives in a dazzling, billion-dollar game that only the
most ruthless and beautiful dare to play.[4]

— Jacket copy from *Dubai*, by Robin Moore, author of the *The French Connection*.

In 1976, after *The Green Berets*, *The French Connection* and several other
global intrigues, Robin Moore published a novel titled *Dubai*. The novel
opens in 1967. Fitz, the monosyllabic hero and American intelligence
officer, is fired over his pro-Palestinian/anti-Semitic remarks that appear
in the press just as the Six Day War is launched. Dubai, like the not-
yet-middle-aged protagonist, is still fluid and unsettled. It is still a place
where adventures and deals are flipped and leveraged against each
other to propel small syndicates to fame and fortune. Fitz quickly scales
a succession of events in the UAE's history during the 1970s. He arrives
when a handful of hotels and the new Maktoum Bridge across Dubai
Creek are among the few structures that appear in an otherwise ancient
landscape, one that has changed very little in the centuries that Dubai
has been an *entrepôt* of gold trade and a site for pearl diving. Just on the
brink of Sheikh Rashid's plans for an electrical grid, the air-conditioning
in Fitz's Jumeirah beach house must struggle against the 120-degrees
and 100 percent humidity by means of an independent generator. The
story proceeds by moving in and out of air-conditioning, syndicate
meetings, and sex scenes in the palaces of the Sheikh or in hotel cocktail
lounges between Tehran, Dubai, and Washington. The tawdry glamour
of tinkling ice and Range Rovers is frequently interrupted for a number
of rough and tumble adventures that are evenly distributed throughout

Dubái. El *hotspot* donde los aventureros juegan los juegos de oro, sexo, petróleo y guerra más peligrosos del mundo.

Dubái. Un lugar salvaje y bullicioso en las arenas tostadas de Arabia, donde las alfombras de mil millones de dólares mezclan pasiones explosivas con el petróleo y los placeres exóticos pagan fabulosos dividendos. Prostitutas, asesinos, espías, cazafortunas, diplomáticos, príncipes y proxenetas, todos apostando sus vidas en un juego de millones de dólares que sólo los más despiadados y hermosos se atreven a jugar[4].

— Contratapa de *Dubai*, de Robin Moore, autor de *The French Connection*.

En 1976, tras *The Green Berets*, *The French Connection* y otras intrigas globales, Robin Moore publicó una novela titulada *Dubai*. La historia comienza en 1967 cuando Fitz – el héroe parco y oficial de inteligencia estadounidense – es despedido por unos comentarios pro palestinos o antisemitas publicados en la prensa justo al empezar la Guerra de los Seis Días. Dubái, al igual que un protagonista que aún no alcanza la madurez, sigue siendo fluida e inestable. Aún es un lugar donde las aventuras y los acuerdos se cambian y manipulan entre ellos para impulsar a pequeños sindicatos a la fama y la fortuna. Fitz rápidamente escala una sucesión de eventos en la historia de los EAU durante los setenta. Llega cuando algunos hoteles y el nuevo puente Maktoum sobre el estero Dubái están entre las pocas estructuras de un paisaje que poco ha cambiado en los siglos en que Dubái ha sido un puerto para transar oro y un sitio para bucear en busca de perlas. Justo cuando el jeque Rashid planea una red eléctrica, el aire acondicionado en la casa de playa de Fitz en Jumeirah debe luchar, alimentado por un generador independiente, contra 50 °C y un 100 % de humedad. La historia avanza entrando y saliendo del aire acondicionado, de reuniones sindicales y de escenas de sexo en los palacios del jeque y los bares de hoteles de Teherán, Dubái y Washington. El *glamour* cursi del hielo tintineante y los Range Rovers es frecuentemente interrumpido por aventuras rudas e inesperadas que se distribuyen a lo largo del libro. El

the book. The discovery of oil has already propelled the development of the Trucial States (states that have made maritime truces with the original oilmen, the British).

Fitz's first escapade uses the old gold economy to capitalize on the new oil and real estate economy. The syndicate's *dhow* (the traditional vessel on the creek) is souped up with munitions and technology that Fitz has illegally stolen from the American military. Dubai is an old hand at smuggling, or what it likes to call 're-export,' during embargoes or wars that are always available in the Gulf. Shipping gold to India usually involves armed encounters in international waters. The *dhow*'s United States military equipment vaporizes the Indian ships, thus trouncing piracy and resistance to the free market. Fitz plunders enough money to bargain with the sheikh for shares of an oil enterprise in Abu Musa, an island in the Gulf halfway between Dubai and Iran. He has enough money left over to finance a saloon, equipped with old CIA bugging devices and an upstairs office with a one-way viewing window. From this perch Fitz entertains the growing number of foreign businessmen who are laying over in Dubai and the growing number of Arab businessmen who want to see and approach Western women. He continues in his plot to become a diplomat to the new independent federation of Trucial territories, the United Arab Emirates, to be established in 1971.

Fitz (like Dubai) gets things done. With a wink and a nod Sheikhs and diplomats reward him. He even manages to single-handedly crush a communist insurgency in the desert (most Robin Moore novels fight the old Cold War fight, although his most recent forays take on the new devil: terrorism.) In the novel, America's heroic Cold War deeds in the Gulf have made us simple lovable heroes with both naughtiness and vulnerability. Fitz wisely realizes that most political activities are not vetted through recognized political channels. In *Dubai*, the 'naughty hero' formula even goes one dyspeptic step further in engineering sympathy for the character and happily signaling the end of the novel: Fitz hurts his leg fighting the insurgency. Despite his wounds and

descubrimiento del petróleo ya ha impulsado el desarrollo de los Estados de la Tregua (estados que acordaron treguas marítimas con los petroleros originales, los británicos).

La primera aventura de Fitz utiliza la antigua economía del oro para capitalizar la nueva economía del petróleo y el mercado inmobiliario. El *dhow* (el velero tradicional del estero) del sindicato es cargado con municiones y tecnología que Fitz ha robado del ejército estadounidense. Dubái es una veterana del contrabando – o la 'reexportación', como prefiere decirle – durante los embargos o guerras que siempre aparecen en el Golfo. El envío de oro a la India generalmente implica encuentros armados en aguas internacionales. La brigada de *dhows* militares estadounidenses elimina las naves indias, venciendo así la piratería y la resistencia al libre mercado. Fitz saquea suficiente dinero para negociar con el jeque por las acciones de una empresa petrolera en Abu Musa, una isla en el golfo a medio camino entre Dubái e Irán. Además, ha dejado suficiente dinero como para financiar un salón equipado con antiguos dispositivos de espionaje de la CIA y una oficina en el piso superior con una ventana de visión unidireccional. Desde allí, Fitz entretiene al creciente número de empresarios extranjeros vacacionando en Dubái y al creciente número de empresarios árabes que quieren ver y acercarse a mujeres occidentales. Él continúa en su plan para convertirse en un diplomático de la nueva federación independiente de los Estados de Tregua, los Emiratos Árabes Unidos, que se establecerán en 1971.

Fitz (como Dubái) logra las cosas. Con un guiño y un gesto, jeques y diplomáticos lo recompensan. Incluso, sin ayuda, logra aplastar una insurgencia comunista en el desierto (la mayoría de las novelas de Robin Moore luchan contra las viejas aversiones de la Guerra Fría, aunque sus incursiones más recientes incorporan al nuevo demonio: el terrorismo). En la novela, las heroicas acciones norteamericanas de la Guerra Fría en el Golfo los han convertido en héroes simples y adorables, con malicia y vulnerabilidad. Fitz sabiamente se da cuenta de que la mayoría de las actividades políticas no se examinan por los canales políticos formales.

even though he has contributed a suitcase full of money in campaign contributions, he doesn't get the ambassadorship. He is unfairly tainted with the centuries of regional piracy and the only too recent hotel-bar intrigues. Nevertheless, Fitz gets the girl in the end, the daughter of a diplomat living on the Main Line in Philadelphia, and they begin to plan their middle-aged life 'on the creek' in Dubai.

The novel's oblivious mix of Cold War piety and soft porn is, however fictional, appropriate evidence. Indeed, the novel is strangely more informative than most of what is currently written about the United Arab Emirates in its own self-produced coffee-table books and marketing copy. The country is currently producing a dazzling story of real estate development for the consumption of an obedient press that reproduces its sound bytes. Even snide and brainy bloggers of architectural critique have assembled obediently in the trap, printing enthusiastic remarks about hyperbolic development projects. Most accounts are looking for yet another big opener to top the last story about new offshore islands, theme parks or shopping festivals – another superlative prefix meaning 'mega.' The Emirates get things done in a fast-forward time lapse of oil wealth. The coffee-table books do not present the complicated history of foreign paternalizing, meddling, and arming that has matured into something very different from what either the United States or the United Kingdom think they have wrought. Behaving as if the UAE was simply an outcropping of Western real estate techniques, they have occasionally offered condescending praise for their exceptionally good pupil. The UAE is happy to nod as if in gratitude and perfectly happy if the global press bites on that line. It may even be good for the real estate market.

Robin Moore's *Dubai* ends in 1970, just before federation in 1971. Abu Dhabi and Dubai were sibling territories, offshoots of the Ban Yas tribe that migrated between pearl diving and the interior desert oasis of Al Ain. Abu Dhabi, a coastal archipelago with some fresh water, became the headquarters of the Al Nahyan family. In 1833, Sheikh Maktoum

En *Dubai*, la fórmula del héroe travieso incluso va un paso más allá de la irritación, creando una simpatía por el personaje que felizmente señala el final de la novela: Fitz se lastima la pierna luchando contra la insurgencia. A pesar de sus heridas y de haber aportado a las campañas con una maleta llena de dinero, no logra convertirse en embajador. Está injustamente contaminado por los siglos de piratería regional y las recientes intrigas de bares hoteleros. Sin embargo, al final, Fitz se queda con la chica, la hija de un diplomático que vive en Filadelfia, y comienzan a planificar su vida adulta 'en el estero' en Dubái.

Si bien es ficticia, la mezcla inconsciente entre la piedad de la Guerra Fría y el *soft-porn* es una evidencia apropiada al caso. De hecho, la novela es extrañamente más informativa que la mayoría de lo que actualmente se escribe sobre los EAU en los *coffee-table-books* hechos para el *marketing*. Actualmente, el país está produciendo una deslumbrante historia de desarrollo inmobiliario para el consumo de una prensa obediente que reproduce sus eslóganes. Incluso sarcásticos e inteligentes *bloggers* de crítica arquitectónica han caído obedientemente en la trampa, publicando entusiastas comentarios sobre hiperbólicos proyectos de desarrollo. La mayoría de los reportes busca la gran cuña – un nuevo prefijo superlativo que signifique lo mismo que 'mega' – para titular la última historia sobre nuevas islas, parques temáticos o festivales de *shopping*. Los EAU consiguen sus objetivos en el acelerado lapso de la riqueza petrolera. Los *coffee-table-books* no presentan la compleja historia de paternalismo, intromisión y armamento extranjero que ha decantado en algo muy distinto de lo que Estados Unidos o el Reino Unido creen haber forjado. Comportándose como si los EAU fueran sólo un florecimiento de técnicas inmobiliarias occidentales, a veces ofrecen elogios condescendientes a su excepcionalmente buen alumno. Los EAU están felices de parecer agradecidos, y de parecer perfectamente felices si la prensa mundial logra morder ese anzuelo. Incluso podría ser bueno para el mercado inmobiliario.

Dubai de Robin Moore termina en 1970, justo antes de la federación en 1971. Abu Dabi y Dubái fueron territorios hermanos, ramificaciones

bin Butti led a group that seceded from Abu Dhabi to settle farther east along the coast in Dubai, a small fishing village, and the Maktoum family has ruled in Dubai ever since.[5] Since 1820, the British had entered into agreements with these coastal Sheikhdoms to regulate piracy and other maritime concerns. In 1892, the so-called Trucial states signed a joint agreement establishing an exclusive relationship with Britain in exchange for its protection. American and British companies negotiated their first oil concessions in the late 1920s and early 1930s. Still, Abu Dhabi did not begin to drill for oil until after World War II and did not discover commercial quantities of oil until 1958.[6] Soon it would become clear that Abu Dhabi was dominant in not only land area but also oil production. Dubai, endowed with far fewer oil resources, did not export oil until 1969. Even early on, Dubai planned to pursue tourism, finance, and trade as its chief sources of revenue.[7] When the British pulled out of territories east of the Suez in 1968, the UAE was flooded with foreign businessmen from all over the world, and the Range Rovers gave way to Japanese cars.[8] Yet well into the 1960s, the Trucial states were barefoot, with no roads or health care, few clothes and brackish water.

****

de la tribu Ban Yas que emigró entre el buceo de perlas y el oasis de Al Ain en el desierto interior. Abu Dabi, un archipiélago costero con algo de agua dulce, se convirtió en la sede de la familia Al Nahyan. En 1833, el jeque Maktoum bin Butti dirigió un grupo que se separó de Abu Dabi para establecerse más al este a lo largo de la costa en Dubái, un pequeño pueblo de pescadores que la familia Maktoum gobernó desde entonces[5]. A partir de 1820, los británicos llegaron a acuerdos con estos *Sheikhdoms* costeros para regular la piratería y otros asuntos marítimos. En 1892, los llamados Estados de Tregua firmaron un acuerdo conjunto que establecía una relación exclusiva con Gran Bretaña a cambio de su protección. Las compañías estadounidenses y británicas negociaron sus primeras concesiones petroleras a fines de la década de 1920 y comienzos de la de 1930. Abu Dabi aún no iniciaba las perforaciones petroleras (lo haría después de la Segunda Guerra Mundial) y hasta 1958 no había descubierto cantidades comerciales de petróleo[6]. Pronto, sin embargo, quedaría claro el dominio Abu Dabi no sólo en el área terrestre, sino también en la producción de petróleo. Dubái, dotado de menos recursos petroleros, no lo exportó hasta 1969. Incluso desde sus inicios, Dubái planeaba que el turismo, las finanzas y el comercio fueran sus principales fuentes de ingreso[7]. Cuando los británicos se retiraron de los territorios al este de Suez en 1968, los EAU se inundaron de empresarios de todo el mundo y los Range Rovers dieron paso a los autos japoneses[8]. Sin embargo, hasta bien entrados en los sesenta, los Estados de Tregua seguían pobres, sin carreteras ni servicios de salud, con poca ropa y poca agua salubre.

***

We lived in the eighteenth century while the rest of the world, even the rest of our neighbors, had advance into the twentieth. We had nothing to offer visitors, we had nothing to export, we had no importance to the outside world whatsoever. Poverty, illiteracy, poor health, a high rate of mortality all plagued us well into the 1960s.[9]

The business of government is manufacturing opportunity.
— Sheikh Mohammad bin Rashid Al Maktoum.[10]

When, in 1971, the legendary leaders Sheikh Zayed bin-Sultan Al Nahyan in Abu Dhabi and Sheikh Rashid bin Saeed Al Maktoum in Dubai established a federation to join the seven coastal sheikhdoms, they essentially created a republic of monarchies. The Federal National Council is composed of the Supreme Council, and the remaining seats of the 40-member representative body are apportioned according to the size of each of the seven emirates and filled by each ruler's appointment.[11] Abu Dhabi's ruler will always be the president of the country, while Dubai's ruler will always be vice president and prime minister. Laws are made by decree and administered by various ministerial appointees that make up the body of the council. Notably, Dubai and Ras Al Khaimah also have an independent judicial system with civil and criminal divisions and Sharia courts to handle family cases. Since mixtures of English, French, and Egyptian law influenced the UAE's federal structure, it offers some gestures and protocols of a democratic process within an auto-representative government. While the organs of government have a superficial resemblance, not only citizenship and representation but other bedrock principles of democracy, such as free speech, freedom of assembly, and the claim to racial and gender equality are notably absent. Concerns persist about discrimination against women and non-nationals.

Vivimos en el siglo XVIII, mientras el resto del mundo, incluso el resto de nuestros vecinos, avanzó hasta el siglo XX. No teníamos nada que ofrecer a los visitantes, no teníamos nada que exportar, no teníamos importancia para el mundo exterior. La pobreza, el analfabetismo, la mala salud, una alta tasa de mortalidad nos acecharon hasta bien entrada la década de 1960[9].

El negocio del gobierno es fabricar oportunidades.
— Sheikh Mohammed bin Rashid Al Maktoum[10].

Cuando en 1971 los legendarios líderes Sheikh Zayed bin-Sultan Al Nahyan en Abu Dabi y Sheikh Rashid bin Saeed Al Maktoum en Dubái establecieron una federación para unirse a los siete emiratos de la costa, crearon esencialmente una república de monarquías. El Consejo Nacional Federal está compuesto por el Consejo Supremo y los puestos restantes del cuerpo representativo de 40 miembros se distribuyen de acuerdo al tamaño de cada uno de los siete emiratos y se llenan según las designaciones de cada gobernante[11]. El gobernante de Abu Dabi siempre será el presidente del país mientras que el gobernante de Dubái siempre será vicepresidente y primer ministro. Las leyes se hacen por decreto y son administradas por ministros designados que integran el cuerpo del consejo. Cabe destacar que Dubái y Ras Al Khaimah tienen también un sistema judicial independiente, con divisiones civiles y criminales y cortes de la *sharia* para manejar casos familiares. Dado que la estructura federal de los EAU está influida por una mezcla de leyes inglesas, francesas y egipcias, posee algunos gestos y protocolos de un proceso democrático dentro de un gobierno auto representativo. Si bien los órganos del gobierno tienen un parecido superficial, no sólo carecen de ciudadanía y representación, sino también de otros principios fundamentales de la democracia como la libertad de expresión, la libertad de reunión y la reivindicación de la igualdad racial y de género, persistiendo las preocupaciones sobre discriminación contra las mujeres y los no nacionales.

As a kingdom-nation, the UAE produces partial reflections and tinctures of Western governmental institutions, yet it operates with a different set of civil and legal assumptions. Moreover, these structural differences often allow the country to thrive off many of the very complications that trouble Western democracies: the contradiction between citizenship and the need for cheap labor, the curious position of public space within urbanism conceived as a privately themed spatial product, the naturalized state of exception from law in corporate paradigms and the influence of special interest in official political representation. As if in a state of amnesia for these perennial problems of contemporary participatory democracies, the UAE seems not to perceive them.

UAE nationals are not only a constituency to the representative body, but a beneficiary, conduit, and pivot of much of the country's business; they are at once the wealthy elite and the welfare state. While Dubai is currently pursuing an urbanism that is measured in the *Guiness Book of World Records* (e.g. the world's tallest building, the world's largest manmade islands, the world's largest shopping mall, and the world's largest underwater hotel), Abu Dhabi also lays claim to a *Guiness* record made by one of its most legendary leaders. Sheikh Zayed was once offered the largest bribe in history: the Saudis offered him 42 million dollars to relinquish Abu Dhabi's claim to Al Ain. Sheikh Zayed's refusal during a time when even he had only a few hundred rupees was consistent with his commitment to manage Abu Dhabi's ensuing wealth in a way that made its citizens beneficiaries. After becoming the ruler in 1966, Sheikh Zayed also issued land grants for each national to ensure that development would benefit the population, and, by 1976, he had also offered 5,000 units of "people's housing."[12] The land grants are similar in principle to the many other laws that stipulate partnerships or enterprises in which UAE nationals are either associates or beneficiaries. 'Offsets' are among these structuring devices. Defense contracts with the UAE must first negotiate with the UAE offsets group. The contracts

Como nación-reino, los EAU producen espejos y maquillajes de las instituciones gubernamentales occidentales; sin embargo, operan con un conjunto distinto de supuestos civiles y legales. A menudo, además, estas diferencias estructurales permiten al país sobrellevar muchas de las complicaciones de las democracias occidentales: la contradicción entre ciudadanía y la necesidad de mano de obra barata, la curiosa posición del espacio público dentro del urbanismo concebido como un producto espacial temático y privado, un estado de excepción de la ley naturalizado en paradigmas corporativos y la influencia del interés especial en la representación política oficial. Como en un estado de amnesia, los EAU parecen no percibir estos problemas perpetuos de las democracias participativas contemporáneas.

Los nacionales de los EAU no son sólo los constituyentes de un cuerpo representativo, sino además beneficiarios, conductos y ejes de gran parte de los negocios del país; son a la vez la élite adinerada y el estado del bienestar. Mientras en la actualidad Dubái va tras un urbanismo que se mide en el libro de *record* Guiness (el edificio más alto del mundo, las islas artificiales más grandes del mundo, el centro comercial más grande del mundo y el hotel subacuático más grande del mundo), Abu Dabi también tiene un *record* Guiness logrado por uno de sus líderes más legendarios, el jeque Zayed, a quien se le ofreció el soborno más grande de la historia: los sauditas le ofrecieron 42 millones de dólares para eliminar la demanda de Abu Dabi a Al Ain. La negativa del jeque Zayed – en un momento en que él sólo tenía unos cientos de rupias – era consistente con su compromiso de administrar las riquezas resultantes de Abu Dabi de una manera que convirtiera a sus ciudadanos en beneficiarios. Después de transformarse en gobernante en 1966, el jeque Zayed también otorgó concesiones de tierras a cada persona nacional para garantizar que el desarrollo beneficiara a la población y, en 1976, también ofreció 5.000 unidades de "vivienda social"[12]. Las concesiones de tierras son, en principio, similares a muchas otras leyes que estipulan asociaciones o empresas en las que los nacionales de los EAU son asociados o beneficiarios. Las

must be profitable, and a UAE national must own 51 percent. Moreover, the contract must seed an offset venture in a non-oil industry. So far, these offset projects have funded a variety of industries including fish farms, air-conditioning, medical services, shipbuilding, and even leisure activities like polo grounds.[13] Since the number of nationals is small, the UAE has managed to convert the typically corrupt relationship between government and private-interest lobbies into a form of hyper-representation.[14] In Dubai, this direct benefit to a manageable handful of constituents is regarded as government welfare and beneficent leadership.

The UAE finds advantage in the notion of laborer, expat, or tourist as a temporary citizen. As a temporary citizen, the tourist arrives to deposit vacation money at shopping festivals, golf tournaments, and theme parks. Having paid their taxes in tourist revenues, they then leave without further demands on government. Denizens of the Trucial States were themselves the guest workers for foreign oil companies before they became partners in the oil wealth.[15] Today, rules are established for managing and housing labor in groups, and problems are the responsibility of the contracting agent. Laborers and contractors must agree to and abide by certain rules or be deported. Dubai can then even boast that it is one of the most diverse places on earth as its curates its inhabitants from Africa, India, Pakistan, and elsewhere around the world. All of the arrangements are perhaps more transparent than in those countries where citizenship is the impossible option and the guest worker exists in a zone of denial and secrecy. Yet the arrangements have also yielded a situation devoid of responsibility and consequence, except for the outside contractors. Enforcement applies to the infraction of rules but not to procedures or events that exist outside of them. Human rights concerns continue to center around the trafficking of human beings within a large volume of migratory workers as well as around the networks of domestic workers for whom there is no record-keeping or oversight.

compensaciones se encuentran entre estos dispositivos estructurantes. Los contratos de defensa con los EAU primero deben negociarse con su grupo de compensaciones: dichos contratos deben ser rentables, el 51 % debe estar en manos de un nacional y, además, el acuerdo implica una inversión – una compensación – en alguna industria no petrolera. Hasta el momento, estos proyectos de compensación han financiado una gran variedad de industrias como piscifactorías, aire acondicionado, servicios médicos, construcción naval e incluso actividades de ocio como campos de polo[13]. Dado que el número de nacionales es pequeño, los EAU han logrado convertir la relación típicamente corrupta entre el gobierno y los intereses privados en una forma de híper-representación[14]. En Dubái, este beneficio directo a un puñado manejable de constituyentes es considerado como un bienestar del gobierno y un liderazgo benéfico.

Los EAU aprovechan las nociones de trabajador, expatriado o turista como ciudadano temporal. Como ciudadano temporal, el turista llega a depositar su dinero en compras, torneos de golf y parques temáticos. Tras haber pagado sus impuestos bajo el concepto de ingresos turísticos, se van sin mayores demandas al gobierno. Antes de convertirse en los socios de la riqueza petrolera, los habitantes de los Estados de Tregua solían ser los mismos trabajadores invitados por las compañías petroleras extranjeras[15]. Hoy, se han establecido reglas para manejar y alojar la mano de obra en grupos y los problemas son responsabilidad del agente contratante. Los trabajadores y contratistas deben aceptar y respetar ciertas reglas o, de lo contrario, serán deportados. Dubái puede incluso alardear de ser uno de los lugares más diversos de la tierra ya que recibe a sus habitantes de África, India, Pakistán y otros lugares del mundo. Todos los acuerdos son quizás más transparentes que en aquellos países donde la ciudadanía es una opción imposible y el trabajador migrante está en una zona de negación y secreto. Sin embargo, los acuerdos también han generado una situación desprovista de responsabilidades y consecuencias, a excepción de los contratistas externos. La responsabilidad se aplica a la infracción de las reglas, pero no a los procedimientos o eventos fuera de ellas. Las

The UAE epitomizes the shadow jurisdictions that reside in transnational exchanges, out-maneuvering some official acts of state, and serving as de facto forms of global governance. Indeed, if that shadow government is loosely defined by the scatter of headquarters and zones around the world, the UAE is something like a parliament of this global headquartering. The 'park' or free trade zone is naturalized as the ideal urban growth unit. In recent decades, the FTZ, EPZ, SEZ or other similar incarnations have evolved to allow businesses immunity from taxes, labor regulation and environmental restrictions or to streamline the logistics for transshipment, materials handling or duty-free retail.

Like any nation, the UAE publicizes its ennobling dispositions, often embodied by the partnership of Sheikh Zayed and Sheikh Rashid. Deploying a familiar modernist script, the two used technology for nation building. Both Sheikh Zayed and Sheikh Rashid capitalized experimental projects that demonstrated their eagerness to diversify. Dubai sponsored a project that paired aluminum production and desalination. Sheikh Zayed sponsored the planting of millions of palm trees, planning to manage water and wildlife with the help of remote-sensing satellites. Since the modernist script usually comes with equal parts traditionalism, the UAE associated this technological expertise with a native wisdom about environment and natural resources. Accessorized with the perfect mix of modern signals and traditional customs such as falconry, horses, and camel racing, Sheikh Zayed's leadership solicited general adoration, almost deification, until his death in 2004. His face appears everywhere, on billboards and talismans. To traditional music with a new-age beat, the official Web site celebrating his life follows the silhouette of a falcon across the sands from a silhouetted skyline of *barasti* mud huts to the silhouetted skyline of Dubai. Moreover, part of the UAE's beguiling formula for government, involves generosity to the neediest countries in the world. By the mid-1970s the UAE and Sheikh Zayed had developed a reputation for philanthropy that was to become a permanent ingredient of the country's mystique.[16]

preocupaciones sobre los derechos humanos continúan centrándose en el tráfico de personas dentro de un gran volumen de trabajadores migratorios, así como en torno a las redes de trabajadores domésticos para los cuales no hay registros ni supervisión.

Los EAU personifican las jurisdicciones sombrías que residen en los intercambios transnacionales, sobrepasando algunos de los actos oficiales de estado y sirviendo como formas de gobernanza global de facto. De hecho, si ese gobierno sombrío se define vagamente por la dispersión de zonas y oficinas centrales alrededor del mundo, los EAU son algo así como el parlamento de esta oficina central mundial, donde el 'parque' o la zona de libre comercio se naturaliza como la unidad ideal de crecimiento urbano. En las últimas décadas, la zona de libre comercio, la zona de procesamiento de exportaciones, la zona económica especial u otras encarnaciones similares han evolucionado para permitir a las empresas inmunidad de impuestos, regulaciones laborales y restricciones ambientales, o bien para simplificar la logística de transbordo, manejo de materiales o comercio exento de impuestos.

Como cualquier nación, los EAU publicitan sus disposiciones ennoblecedoras, habitualmente encarnadas por la sociedad del jeque Zayed y el jeque Rashid. Desplegado de un conocido guion modernista, ambos usaron tecnología para construir la nación. Tanto el jeque Zayed como el jeque Rashid capitalizaron proyectos experimentales que demostraron su afán de diversificación. Dubái patrocinó un proyecto que combinaba producción de aluminio y desalinización. El jeque Zayed patrocinó la plantación de millones de palmeras, planificando el manejo del agua y de la vida silvestre con la ayuda de satélites con sensores remotos. Dado que este guion modernista generalmente viene de la mano con el tradicionalismo, los EAU asociaron esta experiencia tecnológica a una sabiduría nativa sobre el medio ambiente y los recursos naturales. Decorado con la mezcla perfecta entre señales modernas y costumbres tradicionales como la cetrería, los caballos y las carreras de camellos, el liderazgo del jeque Zayed logró adoración general – casi deificación – hasta su muerte

As if in suspended animation or taking a break from the twentieth century, Abu Dhabi and Dubai might have seemed, in the 1990s, like sleepy holiday locations offering a growing number of modern developments, air-conditioned hotels, and office buildings. Both perhaps maintained the peculiar relaxation and freedom of the place where one does not stay for long, but after the 1990s the difference between the two emirates and the two cities accelerated. In 1997, Dubai's fabled developed boom began when it allowed for freehold property for all nations in special development areas. In 2006, the emirate legalized foreign property ownership. Somewhat more sober, Abu Dhabi recently clarified its 2005 freehold laws by allowing only GCC nationals to own freehold property while non-GCC members are required to contract for 99 years.[17] Traveling between the emirates is a jolting journey forward and backward through time – between ancient landscapes, national capitals and new world capitals.

***

en 2004 y su rostro aparece en todas partes, en carteles y talismanes. Con música tradicional con un toque de *new-age*, el sitio web oficial que celebra su vida sigue la silueta de un halcón a través de las arenas, desde un *skyline* de chozas de barro *barasti* hasta la silueta del *skyline* de Dubái. Además, parte de la fórmula seductora del gobierno de los EAU involucra generosidad con los países más necesitados del mundo. A mediados de la década de 1970, los EAU y el jeque Zayed habían desarrollado una reputación filantrópica que se convertiría en un ingrediente permanente de la mística del país[16].

Como en una animación suspendida o tomando un descanso del siglo XX, en la década de los 90 Abu Dabi y Dubái podrían haber parecido lugares de vacaciones dormidos, con una oferta creciente de desarrollos modernos, hoteles con aire acondicionado y edificios de oficinas. Ambos mantuvieron el peculiar relajo y libertad de un lugar donde no se permanece por mucho tiempo, pero después de los noventa la diferencia entre los dos emiratos y las dos ciudades se aceleró. En 1997, el legendario auge de desarrollo de Dubái comenzó cuando permitió, en áreas de desarrollo especial, la propiedad de dominio absoluto para todas las naciones. En 2006, el emirato legalizó el título de propiedad extranjera. Algo más sobrio, Abu Dabi recientemente clarificó sus leyes de dominio absoluto del año 2005, al permitir que sólo los nacionales del GCC (Consejo de Cooperación para los estados del Golfo) tengan propiedades de dominio absoluto, mientras que los miembros no pertenecientes del GCC debían contratar por 99 años[17]. Viajar entre los emiratos es un turbulento viaje en el tiempo, entre paisajes antiguos, capitales nacionales y nuevas capitales mundiales.

***

The earth has a new center.
— Billboard advertisement for Dubai Mall on Sheikh Zayed Road

Dubai is like someone who owns many horses – he said.
He doesn't just put one horse in the race, he puts many with many
chances of success.
— Sultan Ahmed bin Sulayem, adviser to the Dubai's Maktoum family.[18]

Take wisdom from the wise – not everyone who rides a horse is a
jockey.
— A verse of poetry by Sheikh Mohammed bin Rashid Al Maktoum written
in island masses and visible from the air in the proposed Palm Jebel Ali.[19]

In 1979, Sheikh Rashid completed two projects in Dubai that established
it as a regional capital of the Gulf and the Middle East: The World Trade
Center and the Jebel Ali port.[20] As Robin Moore's novel spins around a
corridor between Dubai and Tehran, it accurately reflects alignments
of power, influence and relationship that have caused Dubai to be
called "the economic capital of Iran."[21] The World Trade Center signaled
a willingness to foster regional partners and reinforced the image of
Dubai as a gulf nexus. Situated at the border between Abu Dhabi and
Dubai, the Jebel Ali port was the largest man-made port in the world.
The free-trade zone permitted complete foreign ownership of land
and no taxes. The stretch of development between the World Trade
Center and Jebel Ali Port, comparable to the length of Manhattan, has
since been rapidly filling with a corridor of skyscrapers since 1990. This
highway, called Sheikh Zayed Road on the Dubai side and Sheikh Rashid
Road on the Abu Dhabi side, is a deferential handshake that is perhaps
more unevenly extended as development in Dubai outpaces that of any
other emirate.

La tierra tiene un nuevo centro.
— Letrero publicitario para el centro comercial Dubái en la calle Sheikh Zayed.

Dubái es como alguien que posee muchos caballos, dijo.
No sólo pone un caballo en la carrera, sino que pone a muchos con posibilidades de éxito.
— Sultan Ahmed bin Sulayem, asesor de la familia Maktoum de Dubái[18].

Toma la sabiduría de los sabios: no todo el que monta un caballo
es un jinete.
— Verso de una poesía del jeque Mohammed bin Rashid Al Maktoum, escrito en masas de islas y visible desde el aire en la propuesta Palm Jebel Ali[19].

En 1979, el jeque Rashid completó dos proyectos que definieron a Dubái como capital regional del Golfo y el Medio Oriente: el World Trade Center y el puerto de Jebel Ali[20]. Como la novela de Robin Moore gira alrededor de un corredor entre Dubái y Teherán, refleja con precisión las alineaciones de poder, influencias y relaciones que han hecho que Dubái sea llamada "la capital económica de Irán"[21]. El World Trade Center señaló su voluntad de fomentar socios regionales y reforzó la imagen de Dubái como un nexo del golfo. Situado en la frontera entre Abu Dabi y Dubái, el puerto Jebel Ali se convirtió en el puerto artificial más grande del mundo y la zona de libre comercio permitía la completa propiedad extranjera de tierra, sin impuestos. A partir de 1990, el tramo de desarrollo entre el World Trade Center y el puerto de Jebel Ali, comparable a la longitud de Manhattan, se ha llenado rápidamente con un corredor de rascacielos. Esta carretera, llamada Sheikh Zayed en el lado de Dubái y Sheikh Rashid en el lado de Abu Dabi, es un saludo deferente y quizás desigual, ya que el desarrollo en Dubái supera al de cualquier otro emirato.

Business practices that have long been familiar to the gulf *entrepôts* but which have also emerged as contemporary global business models are the perfect accompaniment to Dubai's overarching approach to trade. A city of warehousing, smuggling, and gold trading, Dubai was on the circuit of the Gulf's Qawasim pirates, brought under control at approximately the same time that the Barbary pirates were defeated in the Mediterranean.[22] More important than product stability has been the movement of a volume of goods. Products are best when they are capable of behaving like fluctuating currency. With more choices, more merchandise and more labor from around the world, the odds are better for playing currency and wage differentials.

General Sheikh Mohammed bin Rashid Al Maktoum, succeeded his brother Sheikh Maktoum bin Rashid Al Maktoum, has, for some time, been the mastermind behind the most recent chapters of hyperbolic development going on in Dubai – the petrodollar flush before the 2008 economic downturn. On Sheikh Rashid's watch, Dubai has developed seven-star hotels and mega-projects. Dubailand, an enormous, two-billion-square-foot tourist installation, will include 45 megaprojects and 200 subprojects. Dubai has rehearsed the 'park' or 'zone' with almost every imaginable program beginning with Dubai Internet City in 2000, the first IT campus as free trade zone. Calling each new enclave 'city,' it has planned or built Dubai Health Care City, Dubai Maritime City, Dubai Silicon Oasis, Dubai Knowledge Village, Dubai Techno Park, Dubai Media City, Dubai Outsourcing Zone, Dubai Humanitarian City, Dubai Industrial City, Dubai International Financial Centre free zone, and Dubai Textile City.[23] Similarly, mutations of Portman/Hines/Jerde malls and atrium hotels like Burj Al Arab, Dubai Mall, the largest mall in the world, or Ski Dubai, an indoor ski resort in a 120-degrees desert, were all components of an instant metropolis growing before the world's eyes. The first of Dubai's largest man-made islands, Palm Island, launched in 2001 by the Nakeel, was to be joined by two more palm-frond-shaped formations, the Palm Jebel Ali and the Palm Deira. In

Las prácticas empresariales que durante mucho tiempo han sido habituales en los puertos del golfo (pero que también han surgido como modelos de negocios globales contemporáneos), son el complemento perfecto para el enfoque global del comercio de Dubái. Como una ciudad de almacenamiento, contrabando y comercio de oro, Dubái estaba dentro del circuito de los piratas del Golfo de Qawasim, siendo controlada aproximadamente en la misma época en que los piratas bárbaros fueron derrotados en el Mediterráneo[22]. Más importante que la estabilidad de los productos ha sido el movimiento de un gran volumen de mercancías. Los productos son mejores cuando pueden operar como monedas fluctuantes. Con más opciones, más mercadería y más mano de obra de distintos lugares del mundo, las probabilidades son mejores para apostar a los diferenciales de divisas y salarios.

El general jeque Mohammed bin Rashid Al Maktoum, que sucedió a su hermano el jeque Maktoum bin Rashid Al Maktoum, ha sido durante un tiempo el cerebro detrás de los capítulos más recientes de desarrollo hiperbólico en Dubái y la oleada de petrodólares previos a la recesión económica de 2008. Bajo la mirada del jeque Rashid, Dubái ha desarrollado hoteles y megaproyectos de siete estrellas: Dubailand, una enorme instalación turística de 1860 millones de metros cuadrados, incluirá 45 megaproyectos y 200 subproyectos. Dubái ha testeado el 'parque' o la 'zona' con casi todos los programas imaginables, empezando por Dubai Internet City del año 2000, el primer campus de TIC como zona de libre comercio. Llamando a cada nuevo enclave como 'ciudad', se han planificado o construido Dubai Health Care City, Dubai Maritime City, Dubai Silicon Oasis, Dubai Knowledge Village, Dubai Techno Park, Dubai Media City, Dubai Outsourcing Zone, Dubai Humanitarian City, Dubai Industrial City, Dubai International Financial Centre Free Zone y Dubai Textile City[23]. De la misma forma, mutaciones de centros comerciales de Portman/Hines/Jerde o de hoteles-atrio como el Burj Al Arab, el Dubai Mall (el centro comercial más grande del mundo), o Ski Dubai, una cancha de esquí cubierta en un desierto de 50 °C, fueron los componentes de

the interim, The World, another archipelago of islands, this time in the shape of the world's continents, created a global media sensation. Island properties associated with their position on the globe were sold as private compounds to celebrities like Rod Stewart and Elton John. Since governments like Dubai legally engineer their own status as islands of immunity and exemption in free-trade zone loopholes, or archipelagoes, The World, as an archipelago of archipelagoes was an extravagant global witticism that was advertised by its own potential critics. The financial crisis froze Dubai in its state of development euphoria, leaving many of the biggest projects on hold. But in its extravagant growth spurt, it had become a global urban paradigm as the world's ultimate free zone – keeping everyone's secrets, researching everyone's forbidden products and procedures, and laundering global identities.

***

una metrópolis instantánea que crecía a los ojos del mundo. La primera de las grandes islas artificiales de Dubái, Palm Island, lanzada en 2001 por Nakeel, se unió a otras dos formaciones con contorno de palmera, Palm Jebel Ali y Palm Deira. Mientras tanto The World, otro archipiélago de islas – esta vez con la forma de los continentes del mundo – generó sensación en los medios globales. Las propiedades de la isla, asociadas con su posición en el mundo, se vendieron como complejos privados a celebridades como Rod Stewart y Elton John. Dado que gobiernos como el de Dubái legalmente diseñan su propio estatus como islas de inmunidad y exención en las lagunas y archipiélagos legales de la noción de zona de libre comercio, The World, como un archipiélago de archipiélagos, fue una extravagante agudeza global publicitada por sus potenciales críticos. La crisis financiera congeló a Dubái en su estado de desarrollo eufórico, dejando en pausa a muchos de los proyectos más grandes. Pero en su extravagante esfuerzo de crecimiento se convirtió en un paradigma urbano global como la mayor zona libre del mundo, manteniendo los secretos de todos, investigando los productos y procedimientos prohibidos por todos y blanqueando las identidades globales.

***

Many journalists have booked rooms in prestigious hotels here, but
instead of covering the summit they have gone to Dubai to shop.
— A journalist from the Saudi delegation headquartered in Abu Dhabi for the GCC
conference, 2005.[24]

Our long-term goal is to establish Abu Dhabi as a center for development
of new technology in energy...we are looking forward to seeing Abu
Dhabi as world capital of energy.[25]

Passing across the border on Sheikh Zayed Road to Sheikh Rashid Road, the difference in political disposition is visually clear. The forest of skyscrapers gives way to cultivated palm trees and somewhat dated and earnest public-works buildings. Abu Dhabi's urbanism is more conservative. Tall buildings conform to a grid and regularly offer a very similar retail podium. The emirate invokes gravitas and tradition, playing the role of the more responsible sister, closer to the ecological and philanthropic ethos established by Sheikh Zayed. Sitting on a giant spout of oil, Abu Dhabi has no intention of competing with Dubai's world capital ambitions. Still, it too must deliberately acquire components of culture that craft the correct global profile. While Abu Dhabi borrows from Dubai some world capital techniques for power-building, it will also work to strengthen its position as a regional/national capital. If the UAE is to become more than a source of oil, a temporary warehouse for goods, or a stopover for labor and tourists, it must send a variety of special signals to the rest of the world. Sheikha Lubna Al Qasimi, the minister of economy and planning, first female government minister of the UAE and a protégé of Sheikh Mohammed bin Rashid Al Maktoum, is one of these signals. Among the present concerns is the need for jobs and leadership positions for the nationals who either immigrate to jobs elsewhere or have less expertise than foreign candidates.[26] Ailing

Muchos periodistas han reservado habitaciones en prestigiosos hoteles aquí, pero en lugar de cubrir la cumbre se han ido a comprar a Dubái.
— Un periodista de la delegación de Arabia Saudita con sede en Abu Dabi para la conferencia del GCC de 2005[24].

Nuestro objetivo a largo plazo es establecer Abu Dabi como un centro para el desarrollo de nuevas tecnologías en energía... esperamos ver a Abu Dabi como la capital mundial de la energía[25].

Al cruzar la frontera de la carretera Sheikh Zayed hacia la carretera Sheikh Rashid, la diferencia en la disposición política es visualmente clara. El bosque de rascacielos da paso al cultivo de palmeras y edificios públicos un tanto anticuados y serios. El urbanismo de Abu Dabi es más conservador: los altos edificios se ajustan a una grilla y habitualmente tienen un basamento comercial muy similar. El emirato invoca seriedad y tradición, desempeñando el papel de la hermana más responsable, más cerca de la ética ecológica y filantrópica establecida por el jeque Zayed. Asentada sobre un enorme surtidor de petróleo, Abu Dabi no tiene ninguna intención de competir con las ambiciones de capital mundial de Dubái; sin embargo, también debe adquirir deliberadamente aquellos componentes de la cultura que crean el perfil global correcto. Mientras Abu Dabi toma prestadas de Dubái algunas técnicas de capital global para construir poder, también trabaja en fortalecer su posición como capital regional y nacional. Si los EAU se convierten en algo más que una fuente de petróleo, un almacén temporal de bienes o una escala para trabajadores y turistas, deben transmitir al resto del mundo una serie de señales especiales. La jequesa Lubna Al Qasimi, ministra de economía y planificación, primera ministra de gobierno mujer en los EAU y protegida del jeque Mohammed bin Rashid Al Maktoum, es una de estas señales. Entre las preocupaciones actuales está la necesidad de puestos de trabajo y liderazgo para los ciudadanos que emigran a trabajos en otros

economies in the larger region threaten stability and present some mutually beneficial opportunities for investment and philanthropy. The UAE must also partner with both national and corporate powers to sponsor innovation and simultaneously appropriate technological expertise. The raft of initiatives is designed to engage economies and power centers around the world.

While tourism is one of the avenues of growth, Abu Dhabi plans to distinguish itself from Dubai by being a center of culture and education. One new initiative, Saadiyat Island, will serve as demonstration of some of these new plans. While it will have a full range of programs, its cultural center will be home to a Guggenheim outpost by Frank Gehry, a performing arts center by Zaha Hadid, a branch of the Louvre by Jean Nouvel, and a Zayed National museum by Norman Foster. Promoting 'universal' cultural installations, Saadiyat Island is to become an "international cultural hub for the Middle East on par with the best in the world." While various educational institutions including Yale University and the Sorbonne have been approached, NYU has most recently been promoted as an educational partner for the venture.[27]

Even though located at the epicenter of oil, Abu Dhabi is leading the UAE's sophisticated energy and transportation experiments. Abu Dhabi's Masdar City, established by the Abu Dhabi Future Energy Company, is a free zone for green energy enterprises – something like the free zone as intentional community. Master planned by Norman Foster, the plan of the town, not unlike a Roman Ideal town is a square grid. The sectional shape of the city is designed for shading, solar energy collection and an underground zone for automated personal rapid transit vehicles.[28] The UAE plans to join the Arabian Railway network connecting Abu Dhabi and Dubai with a larger Gulf circuit, making it possible to travel from Dubai to Damascus and Beirut to Cairo by rail.[29] The emirates also have their own internal plans for a railway that would link the coastal ports. While this UAE railway would

lugares o tienen menos experiencia que los candidatos extranjeros[26]. Las economías en crisis en la región más grande amenazan la estabilidad y presentan algunas oportunidades mutuamente beneficiosas para la inversión y la filantropía. Los EAU también deben asociarse con poderes nacionales y corporativos para patrocinar la innovación y, al mismo tiempo, apropiarse de la experiencia tecnológica. La gran cantidad de iniciativas están diseñadas para involucrar economías y centros de poder en todo el mundo.

Si bien el turismo es una de las vías de crecimiento, Abu Dabi planea distinguirse de Dubái siendo un centro de cultura y educación. Una nueva iniciativa, la isla Saadiyat, servirá como demostración de algunas de este nuevo plan. Si bien tendrá una amplia gama de programas, su centro cultural alojará un Guggenheim de Frank Gehry, un centro de artes escénicas de Zaha Hadid, una sucursal del Louvre de Jean Nouvel y un Museo Nacional Zayed de Norman Foster. Promoviendo instalaciones culturales 'universales', la isla de Saadiyat se convertirá en un "centro cultural internacional para Medio Oriente a la par con los mejores del mundo". Y mientras algunas instituciones educacionales como la Universidad de Yale y La Sorbonne han sido convocadas, NYU fue recientemente promovida como socio educativo de esta empresa[27].

Aunque se encuentra en el epicentro del petróleo, Abu Dabi lidera sofisticados experimentos de energía y transporte en los EAU. La ciudad de Masdar de Abu Dabi, establecida por Abu Dhabi Future Energy Company, es una zona libre para empresas de energías verdes – la zona libre como comunidad intencional. Diseñado por Norman Foster, el *masterplan* de la ciudad es una cuadrícula no muy distinta a la de una ciudad romana ideal. En corte, la ciudad está diseñada para dar sombra y captar energía solar, además de tener un área subterránea para el PRT (transporte rápido personal automatizado)[28]. Los EAU planean unirse, además, a la red ferroviaria árabe que conecta Abu Dabi y Dubái con un circuito mayor del Golfo, lo que permitiría viajar en tren desde Dubái a Damasco y desde Beirut a El Cairo[29]. Los EAU también tienen sus propios planes para un ferrocarril interno que uniría los puertos costeros y que, si bien comenzaría

begin as a freight network, it would eventually service passenger travel. Dubai is also building an automated metro system, and Abu Dhabi plans to follow suit.[30]

***

como una red de transporte de mercancías, eventualmente servirá para el transporte de pasajeros. Dubái también está construyendo un sistema de metro automatizado y Abu Dabi planea hacer lo mismo[30].

***

The United Arab Emirates has earned the dubious distinction of having some of the worst labor conditions in the world. Human Rights Watch has cited the country for discrimination, exploitation, and abuse. Many foreign workers, especially women, face intimidation and violence, including sexual assault, at the hands of employers, supervisors, and police and security forces, the rights group said.[31]

It's a funny thing about Dubai, the minute people get here they try to figure out how fast they can get out.
— Fitz from *Dubai* by Robin Moore

[Through Alameen] ...the public can assist and communicate any information related to security matters to law enforcement personnel. The service is considered unique in employing the latest technologies and in not requiring the presence of the caller. The information is dealt with in complete confidence, without focusing on the caller's identity or motives; the focus is on the subject and the authenticity of the information. The service runs 24/7 in complete confidence. As an indication of its success, Alameen in its first year received 1,178 calls, of which 107 were traffic information, 87 prostitution reports, 30 frauds, 28 illegal immigrants and workers, 20 drug, 15 begging, 12 harassments, and 7 witchcraft, 5 money laundering, in addition to various suggestions.[32]

Both Abu Dhabi and Dubai continue to be sites of labor abuse. Repeated cited by the ILO and Human Rights Watch, the UAE's building projects draw a volume of corruption that corresponds to the volume of construction and occasionally overwhelms regulatory agencies like the Ministry of Labor.[33] Labor problems such as nonpayment are brought before the Ministry, which in turn insists on compliance with the rules, exacting fines and administering cures at least in those situations about which it is made aware. The stories are familiar. Laborers, primarily

Los EAU se han ganado la dudosa distinción de tener algunas de las peores condiciones laborales en el mundo. Human Rights Watch ha citado al país por discriminación, explotación y abuso. Muchos trabajadores extranjeros, especialmente mujeres, enfrentan intimidación y violencia, incluyendo agresión sexual a manos de empleadores, supervisores y fuerzas policiales y de seguridad, dijo el grupo de derechos humanos[31].

Algo curioso sobre Dubái es que, en el momento en que la gente llega aquí, tratan de averiguar qué tan rápido pueden salir.
— Fitz de *Dubai*, de Robin Moore

[A través de Alameen] ... el público puede ayudar y comunicar al personal encargado del cumplimiento de la ley cualquier información relacionada con la seguridad. El servicio usa las últimas tecnologías y no requiere la presencia del que llama. La información se trata con total confianza, sin centrarse en la identidad de quien llama ni sus motivos. El foco está en la autenticidad de la información. El servicio funciona 24 horas al día y 7 días a la semana. Como muestra de su éxito, Alameen recibió 1.178 llamadas en su primer año, de las cuales 107 fueron tráfico de información, 87 por informes de prostitución, 30 por fraudes, 28 por inmigrantes y trabajadores ilegales, 20 por drogas, 15 por mendigos, 12 por hostigamientos, 7 por brujería y 5 por lavado de dinero, además de varias sugerencias[32].

Tanto Abu Dabi como Dubái continúan siendo lugares de abuso laboral. Reiteradamente citados por la OIT y Human Rights Watch, los proyectos de los EAU atraen un volumen de corrupción proporcional al volumen de la construcción y que a veces sobrepasa a las agencias reguladoras como el Ministerio de Trabajo[33]. Problemas laborales como los sueldos impagos se presentan ante el Ministerio que, a su vez, insiste en el cumplimiento de las normas exigiendo multas y administrando soluciones (al menos en aquellas situaciones de las que se tiene conocimiento). Las historias son

from Asia, are organized in crowded labor camps, with fifty to sixty immigrants per house and six to ten workers per room.[34] Human Rights Watch even cited Saadiyat Island, the 'island of happiness,' for labor abuse, putting on notice the Tourism Development and Investment Company of Abu Dhabi as well as all of the high profile architecture offices involved in the project.[35] One response in both Dubai and Abu Dhabi is to create model labor villages like Labour City in Dubai or the Saadiayat Island Construction Village. These demonstration cities may contain everything from air-conditioned rooms and cafeterias to a cricket pitch.[36] While the labor camps that are legal and partially transparent are largely for men in jobs ranging from taxi drivers to road workers, domestic workers who are largely women are often isolated in individual homes with few avenues for protest or assembly.

The UAE merges traditional, commercial and civil practices to address a variety of political issues including the labor issue. For instance, in the absence of familiar forms of citizenship or representation, workers may communicate grievances through a hotline. Just as there is a hotline to report labor abuses, there is also a hotline to report suspicious activity or people for deportation. Dubai is then at once rehearsing new techniques that acknowledge labor contradictions and evading responsibility for labor's alienation from culture.

UAE development companies like Emaar and Nakeel are offering development expertise to other nations in the region and in Africa. King Abdullah Economic City, on the Red Sea, near Jedda, is a free zone world city on the Dubai model. Launched in 2006 by the Saudi government and the Dubai real estate developers, Emaar the city, when complete, will be 168 square kilometers and comparable to the size of Brussels.

If techniques for sharing oil wealth (like those used among UAE nationals) were on offer in the partnerships with African nations, there might be real opportunities to alleviate some of the extreme suffering exacerbated by oil on that continent. In Khartoum, the capital of Sudan, the UAE is reaching out to offer Dubai-style real estate development.

conocidas: los trabajadores, principalmente de Asia, están organizados en campos de trabajos forzados, con entre cincuenta y sesenta inmigrantes por casa y entre seis y diez trabajadores por habitación[34]. Human Rights Watch incluso citó por abuso laboral a la Isla de Saadiyat – la 'isla de la felicidad' – notificando a la Compañía de Desarrollo e Inversión Turística de Abu Dabi así como a todas las famosas oficinas de arquitectura involucradas en el proyecto[35]. Una respuesta, tanto en Dubái como en Abu Dabi, ha sido crear aldeas laborales modelo como la Ciudad del Trabajo en Dubái o la Villa de la Construcción en la Isla Saadiayat. Estas ciudades demostrativas pueden tener de todo, desde habitaciones con aire acondicionado y cafeterías hasta canchas de cricket[36]. Mientras los campos de trabajo legales y parcialmente transparentes son mayoritariamente para hombres, en trabajos que van desde taxistas hasta trabajadores de carreteras, las trabajadoras domésticas, en su mayoría mujeres, están a menudo aisladas en hogares individuales con pocas posibilidades de protestar o reunirse.

Los EAU fusionan prácticas comerciales y civiles tradicionales para abordar una variedad de cuestiones políticas, incluido el tema laboral. Por ejemplo, en ausencia de formas corrientes de ciudadanía o representación, los trabajadores pueden comunicar quejas a través de una línea directa. Así, de la misma forma en que hay una línea directa para denunciar los abusos laborales, hay líneas de denuncia para reportar actividades sospechosas o personas que debieran ser deportadas. Dubái ensaya entonces nuevas técnicas que reconocen las contradicciones laborales y que, al mismo tiempo, evaden la responsabilidad de la alienación laboral de la cultura.

Las compañías de desarrollo de los EAU como Emaar y Nakeel ofrecen experiencia en desarrollo a otras naciones en la región y en África. La Ciudad Económica Rey Abdullah, en el Mar Rojo cerca de Jedda, es una ciudad mundial de zona libre bajo el modelo de Dubái. Lanzada el año 2006 por el gobierno de Arabia Saudita y los desarrolladores inmobiliarios de Dubái, cuando esté completa, la ciudad Emaar tendrá 168 km², similar al tamaño de Bruselas.

Yet, Almogran, 1660 acres of skyscrapers and residential properties, only underlines the extreme discrepancies between oil wealth the exploitation of oil resources in mostly black southern Sudan. The overt, even hyperbolic expressions of oil money have been among the chief tools for instigating war and violence within non-Arab populations in the south.[37] Most chilling is the sense that outside the UAE an ethos of using oil for nation-building and social welfare need not be deployed for non-Arab populations like those in the Sudan.

***

Si las técnicas para compartir la riqueza petrolera (como las que se usan entre los nacionales de los EAU) se ofrecieran en las alianzas con naciones africanas, podría haber oportunidades reales para aliviar algunos de los sufrimientos extremos exacerbados por el petróleo en ese continente. En Jartum, la capital de Sudán, los EAU se están acercando para ofrecer un desarrollo inmobiliario al estilo de Dubái; sin embargo Almogran, con aproximadamente 650 hectáreas de rascacielos y propiedades residenciales, sólo subraya las discrepancias extremas entre la riqueza petrolera y la explotación de dicho combustible en el sur de Sudán, de mayoría negra. Las expresiones abiertas e hiperbólicas de los petrodólares han estado entre las principales herramientas para instigar guerras y violencia dentro de las poblaciones no árabes del sur[37]. Lo más escalofriante es la sensación de que, fuera de los Emiratos Árabes Unidos, para las poblaciones no árabes como las de Sudán, no parece necesario desplegar esta idea de utilizar el petróleo para el desarrollo de la nación y el bienestar social.

***

Oh, Cloud above all others!
Oh, sea of generosity let nothing bring you harm

Nourishing rain that brings life to kith and kin
But denies to your adversaries

Is pure for your neighbors but not for your foes
To whom it offers but a bitter draught of woe

Fearless hand of generosity
No sacrifice we make for you can be too great

You war off all misfortunes
All dangers banished with no efforts spared

In your inscriptions in the book of glory
Every letter betokens honour.

— Poem by Sheikh Mohammed bin Rashid Al Maktoum in memory of Sheikh Zayed

Kingdoms and brands have a mutual understanding about mythmaking. Both deploy ambitious and comprehensive use of traditional imagery, capitalizing, tabulating, and constantly refreshing the effects of irrational desire and value. Fetish and symbolic capital, no longer merely ineffable enhancements of capital, are themselves fully capitalized as commodities. In UAE's version of experience economies, the collapse between an architectural language and a logistical envelope becomes complete, and it becomes even easier to float more fantastic fictions over a revenue stream. Without introspection, experience economies instantly blend with the natural urges and talents of a dynasty. Like the Burj Al Arab's imagery of sabers, turbans and billowing *dhow* sails, Sheikhs, more than Jon Jerde or

¡Oh Nube por encima de todos los otros!
Oh mar de generosidad, no permitas que nada que te haga daño

Lluvia nutritiva que trae vida a los *kith* y los *kin*
Pero niegas a tus adversarios

Es pura para tus vecinos pero no para tus enemigos.
A quien le ofrece una amarga brisa de dolor.

Mano temeraria de generosidad
Ningún sacrificio que hagamos puede ser demasiado grande.

Combates todas las desgracias
Todos los peligros desterrados sin ningún esfuerzo.

En tus inscripciones en el libro de gloria
Cada carta es un honor.

— Poema del jeque Mohammed bin Rashid Al Maktoum en memoria del jeque Zayed

Los reinos y las marcas entienden la creación de mitos de la misma forma. Ambas implementan el uso ambicioso y exhaustivo del imaginario tradicional, capitalizando, tabulando y refrescando constantemente los efectos del deseo y el valor irracional. El capital fetichista y simbólico – ya no sólo incrementos inefables del capital – son capitalizados como mercancías en sí mismos. En la versión EAU de la economía de experiencias, el colapso entre el lenguaje arquitectónico y la envolvente logística es total, y se vuelve mucho más fácil testear ficciones fantásticas sobre el flujo de ingresos. Sin introspección, las economías de experiencias se mezclan instantáneamente con los impulsos y talentos naturales de una dinastía. Por sobre Jon Jerde o los arquitectos postmodernos, los jeques ocupan las imágenes de sables, turbantes y velas

post-modern architects, come by it honestly. But in this sense, the UAE, only makes a broad cartoon, a vivid indicator, of the ageless mutually sustaining partnership between power and fiction. There can be no hand wringing over the potential power of a totemic marketplace to wipe away meaning. Here, the supposedly tragic, meaningless sign of the spectacle is the meaning – a subtextual indicator of a willingness to be in the game. It may also indicate a willingness to make bargains of all sorts, within which efflorescence and meaninglessness are instrumental political lubricants.

The UAE's has created a global model for development that the entire world wishes to emulate. Now major cities and national capitals that did not have a sister city are engineering their own world city döppelgangers on the Singapore or Dubai model. Navi Mumbai, New Songdo City outside of Seoul, or Astana in Kazakhstan are national capitals *cum* free trade zones perfectly designed to legally legitimize the duplicities of non-state transactions. The world capital and national capital can shadow each other, alternately exhibiting a regional cultural *ethos* and a global ambition.

Social critic Mike Davis loads, aims, and fires his bracing message from the left, saying that the future of Dubai "looks like nothing so much as a nightmare of the past: Walt Disney meets Albert Speer on the shores of Araby."[38] Yet the UAE is tutor of much more than righteous binary opposition. In some sense, the UAE is an example of 'new/old' or "the new oldness and the old newness" to borrow from the activist group Retort.[39] For Retort, the phrase describes a dyspeptic mixture of primitive power urges accessorized with sophisticated techniques of spectacle, allowing it to float financial sustenance over an even more obdurate ancient script. The Emirates have found a number of lubricated techniques for pirating the world that are both primitive and sophisticated. Some of those techniques override the entrenched corruption of national stances to initiate mechanisms of intergovernmental cooperation, while others intensify that corruption in outlaw environments designed to avoid global compacts. The UAE recognizes that aggression, but never violence, keeps the money flowing. Most politics operate through subterfuge and contradiction rather than in

de dhow del Burj Al Arab de forma más honesta. Pero en este sentido, los EAU sólo hacen una caricatura – un indicador vívido – de la eterna asociación mutua entre poder y ficción. No hay una mano capaz de torcer el potencial del mercado totémico de borrar los significados. Aquí el signo supuestamente trágico y sin sentido del espectáculo es el significado, un indicador subtextual de la voluntad de ser parte del juego. Así, puede indicar también la voluntad de hacer cualquier tipo de negocios, en los que el florecimiento y la carencia de sentido son lubricantes políticos instrumentales.

Los EAU han creado un modelo global de desarrollo que todos desean emular. Ahora las ciudades más importantes y las capitales nacionales sin una ciudad hermana están diseñando sus propios *döppelgangers* bajo el modelo de Singapur o Dubái. Navi Mumbai, New Songdo City fuera de Seúl, o Astana en Kazajstán son capitales nacionales con zonas de libre comercio diseñadas para legitimar las duplicidades de transacciones no estatales. La capital global y la capital nacional pueden sombrearse mutuamente, exhibiendo alternativamente una ética cultural regional y una ambición global.

El crítico social Mike Davis dispara un mensaje fresco desde la izquierda, diciendo que el futuro de Dubái "no parece más que una pesadilla del pasado: Walt Disney se encuentra con Albert Speer en las costas de Arabia"[38]. Pero los EAU nos enseñan mucho más que una virtuosa oposición binaria. En cierto sentido, los EAU son un ejemplo de lo 'nuevo/viejo' o 'la nueva vejez y la vieja novedad' parafraseando al grupo activista Retort[39]. Para Retort, la frase describe una mezcla indigesta de impulsos de poder primitivos y sofisticadas técnicas de espectáculo, que permite mantener el sustento financiero a flote en base a un antiguo guion aún más obstinado. Los EAU han encontrado una serie de suaves técnicas para piratear el mundo, que son tan primitivas como sofisticadas. Algunas de esas técnicas anulan la corrupción arraigada en las posturas nacionales para iniciar mecanismos de cooperación intergubernamental, mientras otras intensifican esa corrupción en entornos fuera de la ley diseñados para evadir las buenas prácticas. Los EAU reconocen que la agresión, pero nunca la violencia, mantiene el flujo de dinero. La mayoría de las políticas operan a través del subterfugio y la

environments of conceptual or ethical purity. The new/ancient is at once more resilient and stable than the Western spectacle that it absorbs. If the Emirates can maintain enough contradictions and the secrets of enough foreign powers, no one can call the bluff.

***

contradicción, y no en ambientes de pureza conceptual o ética. Lo nuevo/viejo es a la vez más resiliente y estable que el espectáculo occidental que absorbe. Si los EAU pueden guardar suficientes contradicciones y secretos de suficientes potencias extranjeras, nadie podrá develar el engaño.

***

POSTSCRIPT

The Burj Dubai, now called the Burj Kalifa, in honor of the Sheikh Khalifa of Abu Dhabi, has become a monument of sorts to Dubai's debt crisis and its special relationship with Abu Dhabi. Freighted with some resentment, the wealthier and more sober emirate offered a bail out its sister city state in December of 2009 by giving 10 billion Dollars to Dubai World. Dubai World, Dubai Holding and Investment Corporation of Dubai are three sprawling investment instruments for which the government and the sovereign Sheikh Mohammed are major stakeholders. In the years since 2009, Dubai has been scrambling to restructure debt and showing some positive signs of recovery. Yet even in May of 2011, the IMF warned Dubai that their total debt would reach 53 % of their total GDP by 2016.[40]

Dubai World has within its umbrella Nakeel, the developer of the World and the various Palm island experiments as well as DP World, the global ports company. Nakeel's debts presented the most precarious situation and the one that prompted Abu Dhabi to ride to the rescue. Dubai now hopes to rely less on the floating real estate casino of artificial islands and focus on trade, logistics and tourism. Its cache as the Vegas of the Emirates is only partially diminished by the mimicry from other cities in the Middle East who are hiring starchitects for cultural enclaves like Abu Dhabi's Saadiyat Island.[41] Meanwhile the furious pace of building – previously almost as fast as a stop frame time-lapse – has ground to a halt with over 200 projects on hold or cancelled and reports of the artificial islands dissolving back into the sea.[42]

Winds of change from the Arab Spring met with the UAE's characteristic set of duplicitous political gifts. The federation has often appeared to open its front doors while bolting all of the others or appeared to completely capitulate to demands while simultaneously defanging those demands. They often respond to controversy in a

El Burj Dubai, ahora llamado Burj Kalifa, en honor del jeque Khalifa de Abu Dhabi, se ha convertido en un monumento a la crisis de deuda de Dubái y su relación con Abu Dabi. Con un cierto resentimiento, en diciembre de 2009 el emirato más adinerado y sobrio ofreció una fianza a su ciudad hermana, otorgando 10.000 millones de dólares a Dubai World. Dubai World, Dubai Holding y la Investment Corporation de Dubái son tres grandes instrumentos de inversión, donde el gobierno y el soberano jeque Mohammed son los principales accionistas. Desde 2009, Dubái ha estado luchando por reestructurar la deuda y mostrar algunos signos positivos de recuperación; sin embargo, incluso en mayo de 2011, el FMI advirtió a Dubái que para el 2016 su deuda alcanzaría el 53 % de su PIB total[40].

Dubai World tiene bajo su protección a Nakeel, el desarrollador de The World y los diversos experimentos de Palm Islands, así como a DP World, la compañía mundial de puertos. Las deudas de Nakeel fueron el caso más complejo y el que impulsó a Abu Dabi a salir al rescate. Ahora Dubái espera confiar menos en el casino flotante de islas artificiales inmobiliarias y centrarse más en el comercio, la logística y el turismo. Su caché como Las Vegas de los EAU está parcialmente disminuido por la imitación de otras ciudades del Medio Oriente que contratan *starchitects* para enclaves culturales como la isla Saadiyat de Abu Dabi[41]. Mientras tanto, el ritmo furioso de la construcción, que antes era casi tan rápido como un *stop-frame time-lapse*, se ha detenido con más de 200 proyectos pausados o cancelados y con reportes de que las islas artificiales se disuelven en el mar[42].

Los vientos de cambio de la Primavera Árabe se encontraron con el conjunto de regalos políticos duplicados característico de los EAU. A veces la federación parecía abrir su puerta de acceso mientras cerraba todas las demás, o bien parecía capitular por completo a las demandas y al mismo tiempo cambiar esas demandas. Generalmente responden

way that preserves public image while also preserving the *statu quo* of power. As mentioned above, the government is always prepared to provide a gift of a British Airways ticket out of the country. In response to demands for something like universal suffrage in electing the Federal National Council Members, the UAE relented, and yet this body is largely a ceremonious demonstration of representation since important decisions about the regime are made elsewhere.[43] Zayed Military City, another of the enclave units of development in Dubai, is reportedly training a private military force for security against both external and internal disruption.[44]

a las controversias de una manera que preserva la imagen pública y, al mismo tiempo, preserva el *statu quo* del poder. Como se mencionó, el gobierno siempre está dispuesto a regalar un boleto de British Airways fuera del país. Los EAU cedieron a la demanda de algo así como el 'sufragio universal' en la elección de los miembros del Consejo Nacional Federal; sin embargo, este órgano es una ceremoniosa manifestación de representación, pues las decisiones importantes se toman en otra parte[43]. Zayed Military City, otra de los enclaves de desarrollo de Dubái, está entrenando a una fuerza militar privada para la seguridad contra la disrupción interna y externa[44].

NOTES:

1 — Credit might naturally go to Peter Hall and his book *The World Cities* (1971) or to Saskia Sassen's *The Global City: New York, London, Tokyo* (1991). This train of thought is however closer to an analysis offered by: MARCHAL, Roland, "Dubai: global city and transnational hub" In AL-RASHEED, Madawi (ed.), *Transnational Connections and the Arab Gulf* (London: Routledge, 2003), 93-110. Marchal uses the term "world cities" in reference to Fernand Braudel's work on city states and trading capitals from: BRAUDEL, Fernand, *The Structures of Everyday Life: Civilization and Capitalism 15th -18th Century* (Berkeley: University of California Press, 1992) reprinted from 1979 Librairie Armand Colin, Paris.

2 — OHMAE, Kenichi. "The Rise of the Region State". In O'MEARA, Patrick, MEHLINGER, Howard; KRAIN, Matthew. *Globalization and the Challenges of a New Century* (Bloomington: Indiana University Press, 2000).

3 — FREDERICK, Anscombe, "An Anational society: Eastern Arabia in the Ottoman Period", in AL-RASHEED, *Transnational...*, 21-35.

4 — MOORE, Robin, Dubai (New York: Doubleday, 1976).

5 — HEARD-BEY, Frauke. *From Trucial States to United Arab Emirates: A Society in Transition* (Dubai and Abu Dhabi: Motivate Publishing, 2004 [1982]).

6 — AL-FAHIM, Mohammed. *From Rags to Riches: A Story of Abu Dhabi* (London: The London Center of Arab Studies, 1995).

7 — HEARD-BEY, *From Trucial...*, 238.

8 — AL-FAHIM, *From Rags...*, 147.

9 — Ibid., 88.

10 — AL TAMIMI, Essam. *Setting up in Dubai* (Dubai: Cross Border Legal Publishing, 2003), 3.

11 — Moving west to northeast Abu Dhabi, Dubai and Sharjah are the first three emirates, and they each have a chief city of the same name. Continuing further north, towards the Straits of Hormuz are the smaller emirates of Umm al Qaiwain, Ajman and Ras al Khaimah. Finally, on the eastern coast of this rocky peninsula is the seven emirate, Fujairah.

12 — AL-FAHIM, *From Rags...*, 140. HEARD-BEY, *From Trucial...*, 405.

13 — See: <http://www.state.gov/e/eb/ifd/2005/42194.htm>, <http://www.abudhabichamber.ae/user/SectionView.aspx?PNodeId=802>

14 — Only 18 % of the population are UAE nationals. The majority of the population (65 %) are Asians. <http://www.datadubai.com/population.htm>

15 — HEARD-BEY, *From Trucial...*, 107.

16 — AL-FAHIM, *From Rags...*, 163.

17 — See: <http://realestate.theemiratesnetwork.com/articles/freehold_property.php; http://www.ameinfo.com/110401.html>

NOTAS

1 — Los créditos podrían ir naturalmente a Peter Hall y su libro *The World Cities* (1971) o a *The Global City: New York, London, Tokyo* (1991) de Saskia Sassen; sin embargo, esta línea de pensamiento es más cercana al análisis ofrecido por Roland Marchal en: MARCHAL, Roland. "Dubai: global city and transnational hub". En: AL-RASHEED, Madawi (ed). *Transnational Connections and the Arab Gulf*. (London: Routledge, 2003). Marchal usa el término "*world cities*" (ciudades globales) en referencia al trabajo de Fernand Braudel sobre ciudades estado y capitales comerciales. Ver: BRAUDEL, Fernand. *The Structures of Everyday Life: Civilization and Capitalism 15th -18th Century*. (Berkeley: University of California Press, 1992); reimpresión de 1979 Librairie Armand Colin, Paris.

2 — OHMAE, Kenichi. "The Rise of the Region State". En: O'MEARA, Patrick; MEHLINGER, Howard; KRAIN, Matthew. *Globalization and the Challenges of a New Century* (Bloomington: Indiana University Press, 2000).

3 — FREDERICK, Anscombe. "An Anational society: Eastern Arabia in the Ottoman Period". En: AL-RASHEED, *Transnational...*, 21-35.

4 — MOORE, Robin. *Dubai* (New York: Doubleday, 1976).

5 — HEARD-BEY, Frauke. *From Trucial States to United Arab Emirates: A Society in Transition* (Dubai and Abu Dhabi: Motivate Publishing, 2004 [1982]).

6 — AL-FAHIM, Mohammed. *From Rags to Riches: A Story of Abu Dhabi* (London: The London Center of Arab Studies, 1995).

7 — HEARD-BEY, *From Trucial...*, 238.

8 — AL-FAHIM, *From Rags...*, 147.

9 — Ibíd., 88.

10 — AL TAMIMI, Essam. *Setting up in Dubai* (Dubai: Cross Border Legal Publishing, 2003), 3.

11 — Moviéndose desde el oeste al noreste Abu Dabi, Dubái y Sharjah son los tres primeros emiratos y cada uno tiene una ciudad principal con el mismo nombre. Continuando más al norte hay unos emiratos más pequeños de Umm al Qaiwain, Ajman y Ras al Khaimah. Finalmente, en la costa oeste de esta península rocosa está el séptimo emirato, Fujairah.

12 — AL-FAHIM, *From Rags...*, 140. HEARD-BEY, *From Trucial...*, 405.

13 — Ver: <http://www.state.gov/e/eb/ifd/2005/42194.htm>; <http://www.abudhabichamber.ae/user/SectionView.aspx?PNodeId=802>

14 — Sólo el 18 % de la población son nacionales de los EAU. El 65 % son asiáticos. Ver: <http://www.datadubai.com/population.htm>

15 — HEARD-BEY, *From Trucial...*, 107.

16 — AL-FAHIM, *From Rags...*, 163.

17 — Ver: <http://realestate.theemiratesnetwork.com/articles/freehold_property.php; http://www.ameinfo.com/110401.html>

18 — *New York Times*, February 17. 2006, c1.

19 — See: <http://www.thepalm.ae/index.html>

20 — See: <http://www.emporis.com/en/wm/bu/?id=107779>; <http://www.jafza.ae/jafza/>; <http://www.dnrd.gov.ae/dnrd/Profile/JabalAliPort+.htm>; <http://www.dpworld.ae/jafz/jafz.htm>.

21 — See: <http://www.datadubai.com/population.htm>; and MARCHAL, "Dubai...", 96. The population of the UAE is over 3 million and at least 70,000 UAE nationals have Iranian background. Marchal quotes Fariba Adelkhah's "Dubaï, capitale économique de l'Iran," In MARCHAL (ed.), *Dubai, cité globale*, 39-55.

22 — HEARD-BEY, *From Trucial...*, 68-72, 284-86.

23 — See: <http://www.dubaiinternetcity.com>; <http://www.arabsat.com/Default/About/OurHistory.aspx>; <http://www.dubaiholding.com/english/index.html>

24 — *Gulf News*, December 19, 2005.

25 — "Energy 2030 to get underway next Wednesday," *Emirates News Agency*, October 27, 2006.

26 — MARCHAL, "Dubai...", 107.

27 — See: <http://www.saadiyat.ae/en/>

28 — See: <http://www.masdarcity.ae/en/index.aspx>

29 — *MENA business reports*, December 13, 2005.

30 — *Construction Week*, 17-23, December 2005, 1.

31 — *Herald Tribune*, September 26, 2005.

32 — See: <http://www.dubai.ae/portal/en.portal?dae_citizen,Article_000214,1,&_nfpb=true&_pageLabel=view>

33 — *Construction Week*, 17-23, Dec. 2005, 32.

34 — Sulayman Khalaf and Saad Alkobaisi, Migrants Strategies of Coping and Patterns of accommodation in the Oil-rich gulf Societies: Evidence from the UAE British Journal of Middle Eastern Studies (1999) 26 (2), 292

35 — See: <http://www.hrw.org/reports/2009/05/18/island-happiness-0>

36 — See: <http://www.saadiyat.ae/en/project-update/saadiyat-construction-village.html>

37 — See: <http://www.alsunut.com>; "Glittering Towers in a War Zone" *The Economist*, December 7, 2006. Alsunut Development Company Ltd belongs to the state of Khartoum, National Social Insurance, the DAL Group Company Ltd.

38 — DAVIS, Mike. "Dubai: Sinister Paradise," Mother Jones, July 14, 2005. See: <http://www.motherjones.com/commentary/columns/2005/07/sinister_paradise.html>

39 — BOAL, Iain; CLARK, T. J.; MATTHEWS, Joseph; WATTS, Michael; RETORT, *Afflicted Powers: Capital and Spectacle in a New Age of War* (New York: Verso, 2005), 18 (on the use of "new/old"). And: FOSTER, Hal & RETORT. "An Exchange on Afflicted Powers: Capital and Spectacle in a New Age of War", *October* 115 (Winter, 2006): 5.

40 — *London Times*, October 12, 2011.

18 — *New York Times*, 17 de febrero de 2006.

19 — Ver: <http://www.thepalm.ae/index.html

20 — Ver: <http://www.emporis.com/en/wm/bu/?id=107779>; <http://www.jafza.ae/jafza/>; <http://www.dnrd.gov.ae/dnrd/Profile/JabalAliPort+.htm>; <http://www.dpworld.ae/jafz/jafz.htm>.

21 — Ver: <http://www.datadubai.com/population.htm>; y MARCHAL, "Dubai...", 96. La población de los EAU es de poco más de 3 millones de personas y al menos 70.000 de los nacionales de los EAU tienen antepasados iraníes. Marchal cita a Fariba Adelkhah "Dubaï, capitale économique de l'Iran," en MARCHAL (ed.), *Dubai, cité globale*, 39-55.

22 — HEARD-BEY, *From Trucial...*, 68-72, 284-86.

23 — Ver: <http://www.dubaiinternetcity.com>; <http://www.arabsat.com/Default/About/OurHistory.aspx>; <http://www.dubaiholding.com/english/index.html>

24 — *Gulf News*, 19 de diciembre de 2005.

25 — "Energy 2030 to get underway next Wednesday," *Emirates News Agency*, 27 de octubre de 2006.

26 — MARCHAL, "Dubai...", 107.

27 — Ver: <http://www.saadiyat.ae/en/>

28 — Ver: <http://www.masdarcity.ae/en/index.aspx>

29 — MENA *business reports*, 13 de diciembre de 2005.

30 — *Construction Week*, 17 al 23 de diciembre de 2005, 1.

31 — *Herald Tribune*, 26 de septiembre de 2005.

32 — Ver: <http://www.dubai.ae/portal/en.portal?dae_citizen,Article_000214,1,&_nfpb=true&_pageLabel=view>

33 — *Construction Week*, 17 al 23 de diciembre de 2005, 32.

34 — KHALAF, Sulayman; ALKOBAISI, Saad, "Migrants Strategies of Coping and Patterns of accommodation in the Oil-rich gulf Societies: Evidence from the UAE". *British Journal of Middle Eastern Studies* 26 (2. 1999): 292.

35 — Ver: <http://www.hrw.org/reports/2009/05/18/island-happiness-0>

36 — Ver: <http://www.saadiyat.ae/en/project-update/saadiyat-construction-village.html>

37 — Ver: <http://www.alsunut.com>; "Glittering Towers in a War Zone" *The Economist*, December 7, 2006. Alsunut Development Company Ltd es una empresa del estado de Khartoum, National Social Insurance, the DAL Group Company Ltd.

38 — DAVIS, Mike "Dubai: Sinister Paradise," *Mother Jones*, 14 de julio de 2005. <http://www.motherjones.com/commentary/columns/2005/07/sinister_paradise.html>

39 — BOAL, Iain; CLARK, T. J.; MATTHEWS, Joseph; WATTS, Michael; RETORT, *Afflicted Powers: Capital and Spectacle in a New Age of War* (New York: Verso, 2005), 18. FOSTER, Hal & RETORT. "An Exchange on Afflicted Powers: Capital and Spectacle in a New Age of War", *October* 115 (Winter, 2006): 5.

40 — *London Times*, 12 de octubre de 2011.

41 — *Economist*, December 29, 2010; *The Guardian*, November 29, 2010.

42 — *The Telegraph*, June 12, 2011.

43 — *Economist*, June 30, 2011.

44 — *New York Times*, May 14, 2011.

41 — *Economist*, 29 de diciembre de 2010;
The Guardian, 29 de noviembre de 2010.

42 — *The Telegraph*, 12 de junio de 2011.

43 — *Economist*, 30 de junio de 2011.

44 — *New York Times*, 14 de mayo de 2011.

KELLER EASTERLING

HISTORIAS DE COSAS QUE NO PASAN
Y QUE NO SIEMPRE DEBIERAN RESULTAR

*Histories of Things That Don't Happen
and Shouldn't Always Work*

KELLER EASTERLING

— Historias de cosas que no pasan
y que no siempre debieran resultar

*Histories of Things That Don't Happen
and Shouldn't Always Work*

HISTORIES OF THINGS THAT DON'T HAPPEN
AND SHOULDN'T ALWAYS WORK

KELLER EASTERLING
Professor, Yale School of Architecture
New Haven, CT, USA

In December of 2015, a sea of mud and construction debris engulfed a 94-acre area of industrial park in Shenzhen, toppling 33 buildings and killing scores of people. The cause was never hidden. For years, lots of noisy, dusty trucks traveled up a hill day and night to dump their contents in a precarious pile that had long prompted concerns and dire predictions. A number of officials were arrested, and a local official who had approved the site committed suicide.[1]

In April of 2013, the Rana Plaza Garment Factory in the Dhaka Export Processing Zone in Bangladesh collapsed. It had been visibly crumbling for some time. The day before the collapse, police and the Bangladesh Garments Manufacturers and Exporters Association had warned that the building should not be occupied because large cracks were visible along the side of the building. Some time earlier, the factory had been given permission, with the help of a few corrupt municipal officials, to build three additional floors on a foundation designed for only three. The building was already resting on an unstable foundation. Sand – rather than engineered soil – had been used to fill in a low area. On the day of the collapse, workers were told that there was no problem and that the building would stand for "a hundred years."[2] The collapse of the factory was the deadliest accidental structural collapse in human history, killing over 1134 people and injuring approximately 2500 others.[3]

Typhoons and hurricanes around the world have given a few of the world's coastal areas a dramatic preview of some inevitable effects of the rising sea levels due to global warming. Almost every coastal area on earth will be affected. While some human adjustments to carbon emissions may slow coastal flooding, that flooding is now underway.

En diciembre de 2015, un mar de barro y escombros arrasó con un área industrial de 38 hectáreas en Shenzhen, derribando 33 edificios y matando a decenas de personas. La causa nunca estuvo oculta: durante muchos años, ruidosos y polvorientos camiones iban día y noche a la cima de un cerro para arrojar desperdicios en un sitio que, por mucho tiempo, había suscitado preocupaciones y predicciones desfavorables. Varios funcionarios oficiales fueron arrestados y uno de los funcionarios locales que autorizó el sitio se suicidó[1].

En abril de 2013 la fábrica de ropa Rana Plaza – en la zona de procesamiento y exportación de Dhaka en Bangladesh – se derrumbó. Ya llevaba un tiempo en un estado visiblemente precario; de hecho, el día previo al colapso, la policía y la Asociación de Fabricantes y Exportadores de Ropa de Bangladesh advirtieron que el edificio no podía seguir siendo utilizado debido a las grandes grietas visibles en la construcción. Poco tiempo antes, con la ayuda de unos pocos funcionarios municipales corruptos, la fábrica había conseguido un permiso para construir tres pisos adicionales sobre una fundación diseñada sólo para tres pisos. El edificio ya descansaba sobre una base inestable: en vez de tierra compactada se había ocupado arena como relleno. El día del colapso se les dijo a los trabajadores que no había ningún problema y que el edificio se seguiría sosteniendo por "cien años"[2]. El derrumbe de la fábrica fue el colapso estructural accidental más catastrófico en la historia de la humanidad con más de 1.134 personas muertas y aproximadamente 2.500 heridos[3].

En varias áreas costeras del mundo, los tifones y huracanes han dado un dramático adelanto de algunos de los inevitables efectos del aumento del nivel del mar debido al calentamiento global. Casi todas las áreas costeras

Because more than half of the people in the world live within 60 kilometers of the sea, deaths or disease related to migrations and urban congestion only compound deaths from flooding and storms. Assessing this complex of possible outcomes, the World Health Organization estimates that between 2030 and 2050, there will be 250,000 deaths worldwide related to global warming.[4] These developments, increasingly self-evident and measurable, nevertheless still attract nay-sayers.[5] James Inhofe, a Republican congressman from Oklahoma, United States, has led a dogged campaign to convince the world that climate change is a hoax. According to Inhofe, this hoax has been designed to "satisfy the ever-growing demand of environmental groups for money and power and other extremists who simply don't like capitalism, free-markets, and freedom."[6]

Preceding the financial crisis of 2008, there was ample evidence of increased risk from the approval and repackaging of 'subprime loans.' But the financial incentives to bundle and sell them overwhelmed the certain knowledge of their risk. And while the virtual apparatus that organized these sales was largely invisible, what was being traded was not virtual, miniscule or hidden. The crisis played out in a relatively speedy time-lapse in which large objects – houses, commercial buildings and neighborhoods – visibly fell into ruin. Locally, the invisible force field of failure left behind dead malls, empty big-box stores, and abandoned suburbs. Globally, the buckshot was equally powerful, if harder to trace. Between 2008 and 2010, a large number of deaths – more than 10,000 so called 'economic suicides' in the United States, Canada and Europe – were attributable to the financial crisis.[7]

In the middle of the twentieth century, highway legislation in the United States promoted 'traffic engineering' – a practice of sizing roads according to statistics about volumes of cars. But it soon became apparent that there was a fallacy in traffic- engineering logic, since the wider the roads became, the more they filled up with cars. Currently, driverless vehicles like the Google's self-driving car promise to provide a solution

 KELLER EASTERLING: HISTORIAS DE COSAS QUE NO PASAN… / HISTORIES OF THINGS THAT DON'T HAPPEN…

sobre la tierra se verán afectadas en el futuro y, si bien algunos ajustes humanos a las emisiones de carbono podrían desacelerar las inundaciones costeras, ellas ya están ocurriendo. Debido a que más de la mitad de las personas en el mundo viven a menos de 60 km del mar, las muertes o enfermedades relacionadas a migraciones y congestión urbana sólo agravan las muertes causadas por inundaciones y tormentas. Evaluando este conjunto de posibles consecuencias, la Organización Mundial de la Salud estima que entre 2030 y 2050 habrá 250.000 muertes en todo el mundo relacionadas con el calentamiento global[4]. A pesar de que estos sucesos[5] son cada vez más evidentes y medibles, aún atraen detractores[5]. James Inhofe, congresista republicano de Oklahoma, Estados Unidos, encabezó una tenaz campaña para convencer al mundo de que el cambio climático es un engaño. Según Inhofe, este engaño ha sido diseñado para "satisfacer la creciente demanda de grupos ecologistas por dinero y poder, y otros extremistas a los que simplemente no les gusta el capitalismo, el libre mercado y la libertad"[6].

Antes de la crisis financiera de 2008 ya había abundante evidencia de un mayor riesgo derivado de la aprobación y modificación de los 'créditos subprime'. Pero los incentivos financieros para agruparlos y venderlos fueron más importantes que la conciencia de sus riesgos. Y si bien el aparato virtual que organizó estas ventas era mayormente invisible, lo que se intercambiaba no era pequeño, ni virtual, ni oculto. La crisis se estaba desarrollando en un lapso relativamente rápido en el que grandes objetos – casas, edificios comerciales y vecindarios – estaban evidentemente cayendo en la ruina. Localmente, la fuerza invisible de la falla dejó centros comerciales muertos, grandes almacenes vacíos y suburbios abandonados. A nivel mundial, el balín era igualmente poderoso pero más difícil de rastrear: entre 2008 y 2010 una gran cantidad de muertes – más de 10.000 de los llamados 'suicidios económicos' en Estados Unidos, Canadá y Europa – fueron atribuidos a la crisis financiera[7].

A mediados del siglo xx, en Estados Unidos, la legislación vial promovió la 'ingeniería de tráfico', una práctica de dimensionamiento de

to traffic problems. These 'smart' cars will optimize driving by traveling in platoons. And as is the case with the advent of any new technology, from railroads, radio, or cars to digital devices, this latest technology is treated as an ultimate and superior platform that should make all others obsolete. Currently, digital data, and not statistics, are treated as the only information of consequence. But if driverless cars become the next privately-owned car, and if they are used instead of public transit, they will recreate forms of traffic congestion that platooning can't remedy. The smart car will be as dumb as the midcentury car.

Over and above the three million people who migrate to cities every week, more than a million refugees, mostly fleeing violence in the Middle East, entered Europe in 2015.[8] The world's increasingly dense infrastructures optimize the movement of tens of millions of tourists and cheap laborers to every corner of the globe every year, and the sharing economy manages to match-make one-to-one relationships between individuals in hundreds of countries. Yet at a time when over 600 million people in the world are displaced, more than at any other time in history, the problem of moving 6 million people away from the current atrocities in Syria is regarded as unsolvable. Culture clashes, such as the 2016 New Year's Eve incident in Cologne or Denmark's crude confiscation of private property as a deterrent to asylum seekers, threaten to incite xenophobic sentiments and polarize the politics around refugee migrations.[9] The International Organization for Migration reports that 3,695 migrants died in 2015.[10]

vías basada en estadísticas de volúmenes de automóviles. Sin embargo, pronto se comprobó que había una falacia en la ingeniería de tráfico, ya que entre más anchas se diseñaban las carreteras más se llenaban de autos. Actualmente, los autos sin conductor como Google Car prometen ser una solución a los problemas de tráfico. Esos vehículos 'inteligentes' optimizarán la conducción al viajar en grupos. Y, tal como ha ocurrido con la llegada de cualquier tecnología nueva – desde los ferrocarriles, la radio o los automóviles hasta los dispositivos digitales – esta última tecnología se presenta como una plataforma absoluta y superior que debería dejar obsoletas a todas las demás. Hoy ya no son las estadísticas, sino los datos digitales los que se tratan como la única información de relevancia. Pero si los vehículos sin conductor se convierten en el próximo auto privado, y si se utilizan en vez del transporte público, recrearán formas de congestión vial que el agrupamiento no podrá remediar. El auto inteligente será igual de estúpido que el de mediados del siglo pasado.

Más allá de los tres millones de personas que emigran hacia las ciudades cada semana, más de un millón de refugiados, en su mayoría huyendo de la violencia en el Medio Oriente, ingresaron a Europa en 2015[8]. Las densas infraestructuras mundiales optimizan el movimiento anual de millones de turistas y trabajadores a cualquier rincón del planeta, y las economías solidarias logran hacer calzar relaciones uno a uno entre personas en cientos de países. Sin embargo, en un momento en que hay más de 600 millones de personas desplazadas en el mundo – más que en cualquier momento de la historia – se nos dice que es imposible evacuar a 6 millones de personas para que no sufran las atrocidades en Siria. Enfrentamientos culturales, como los ocurridos en el incidente de año nuevo de 2016 en Colonia o la confiscación de la propiedad privada como un elemento disuasorio para los solicitantes de asilo en Dinamarca, amenazan con incitar sentimientos xenófobos y polarizar la política en torno a las migraciones de refugiados[9]. La Organización Internacional para las Migraciones informa que en 2015 murieron 3.695 migrantes[10].

THE CLOSED LOOP

The organizations in these five failures or slow-moving disasters, whether they are construction companies, legislative bodies or financial institutions, share some common attributes. They strive for a steady state, and they prefer to overlook information that introduces disruptions to the *statu quo*. Financial rewards or other reinforcing group behaviors provide sufficient incentives to look the other way even in the face of the most transparent problems. The blinkered organization even develops elaborate rituals to cover for this denial – to decouple their positive self-evaluation from potentially damning evidence.[11] The organization believes itself to be autonomous. It is 'the one.' It rejects contradictory evidence and circulates more compatible or convenient evidence in a closed loop that is information poor. Extending this network analogy, the closed loop, unlike the open loop, is not routinely refreshed with new information or the interventions of new players. And from the echo chamber of corporate management to the self-congratulatory traditions of universities or political parties, these organizations may even behave as if they are superior, beyond reproach or bulletproof.

Free zone factories like Rana Plaza adhere to industrial practices like 'quality management,' that attempt to deliver 'error-free' environments, but they actually commit a fatal error known in industrial jargon as a 'control error' – a quintessential symptom of closed loop organizations. To maximize profits, companies commit a control error by denying the addictive properties of tobacco, the accident statistics associated with tires for SUVs, or the looming dangers of unsafe conditions for workers.[12] And while there are temporary advantages of continuing a profit stream, the control error brings with it extremely high risk of a failure from which it would be difficult to recover. Management standards from the International Organization for Standardization (ISO) or other nongovernmental organizations (NGO) can reinforce the control error.

 KELLER EASTERLING: HISTORIAS DE COSAS QUE NO PASAN... / HISTORIES OF THINGS THAT DON'T HAPPEN...

Las organizaciones detrás de estas cinco fallas o desastres – cuerpos legislativos, empresas constructoras o instituciones financieras – comparten algunos atributos. Se esfuerzan por alcanzar la estabilidad y prefieren pasar por alto la información que puede interrumpir el *statu quo*. Las retribuciones financieras u otras conductas de refuerzo grupal dan suficientes incentivos como para mirar hacia el lado, incluso ante los problemas más evidentes. Las organizaciones desarrollan elaborados rituales para cubrir esta negación y desvincular su autoevaluación positiva de la evidencia potencialmente condenatoria[11]. Las organizaciones creen ser autónomas. Son 'lo único'. Rechazan la evidencia contradictoria y hacen circular la evidencia más compatible o conveniente en un circuito cerrado de escasa información. A diferencia del ciclo abierto, y extendiendo esta analogía con la red, el circuito cerrado no se actualiza con nueva información ni con las intervenciones de nuevos actores. Desde la endogamia de la gestión corporativa a la tradición autocomplaciente de las universidades o los partidos políticos, estas organizaciones incluso pueden comportarse como si fueran superiores, irreprochables o a prueba de balas.

Las fábricas en zonas francas como Rana Plaza adhieren a prácticas industriales como la 'gestión de calidad', que intentan generar entornos 'libres de errores', pero cometen un error fatal conocido en la jerga industrial como *control error* [error de control], un síntoma por excelencia de organizaciones de circuito cerrado. Para maximizar las ganancias, las compañías caen en un *control error* al negar las propiedades adictivas del tabaco, las estadísticas de accidentes asociadas con neumáticos en autos 4 x 4 o los peligros inminentes de las condiciones inseguras para los trabajadores[12]. Y si bien hay ventajas temporales – como mantener las ganancias – el *control error* trae consigo el elevado riesgo de una falla mayor de la que puede ser difícil recuperarse. Los estándares de gestión de la Organización Internacional de Estandarización (ISO) u otras

An ISO9000 "Quality Management" standard may raise awareness or change behavior. But sometimes, funded by the very companies that contract for the factory service, they only provide non-binding and often self-certifying seals of approval that inoculate against further regulation.[13] Apple's funding of the Fair Labor Association, the group that was investigating a rash of suicides at the Foxconn factories in China, is a case in point.[14] Whatever its labels and certificates, the organization is only looping advantageous evidence and eliminating inconvenient information about human rights and environment.

The housing landscape in financial crisis similarly relies on circular logic like that of the closed loop. The evening news turns the camera on failed homes as it reports about increased foreclosure rates. But it stares anxiously at the same house while reporting that more of these houses – the customary barometer of economic health and job creation – need to be built if the economy is to recover. Even as a surplus devalues the house in a market flooded with foreclosure, the house is sought after as a sign of economic confidence. At any one moment, economists and financiers regard the new house as both a positive and negative economic indicator – an object simultaneously exacerbating and relieving financial crisis. Decoupling from evidence about toxic investments, the financial industry demands that the house behave like money again. This logic is regarded not as irrational or addled but as cast-iron economic 'science.'

organizaciones no gubernamentales (ONG) pueden reforzar los errores de control. Un estándar de gestión de calidad como ISO9000 puede crear conciencia o cambiar comportamientos; pero a veces, al ser financiados por las mismas empresas que contratan el servicio, sólo entregan sellos de aprobación no vinculantes (y a menudo autocertificados) que inoculan nuevas reglamentaciones[13]. Un buen ejemplo es el financiamiento de Apple en la Fair Labor Association, el grupo que estaba investigando una serie de suicidios en las fábricas de Foxconn en China[14]. Cualquiera que sean sus etiquetas y certificados, la organización sólo presenta pruebas ventajosas y elimina la información inconveniente sobre derechos humanos o medio ambiente.

El paisaje de la vivienda en la crisis financiera también se basa en lógicas circulares como las del circuito cerrado. Al reportar el aumento de las tasas de desalojos hipotecarios, los noticieros enfocan la cámara sobre las viviendas fallidas; pero mientras miran ansiosamente a la misma casa, informan sobre la necesidad de construir más de estas casas (medida habitual de salud económica y creación de empleo) para que la economía se recupere. Incluso cuando un superávit devalúa las casas en un mercado inundado de embargos hipotecarios, la casa sigue siendo vista como señal de confianza económica. En todo momento, los economistas y expertos financieros consideran la construcción de nuevas viviendas como un indicador económico positivo y negativo – un objeto que simultáneamente exacerba y alivia la crisis financiera. Al desacoplarse de la evidencia sobre inversiones tóxicas, la industria financiera exige que la casa se comporte nuevamente como dinero. Curiosamente, esta lógica no es vista como irracional o intrincada, sino más bien como 'ciencia' económica.

THE BINARY

Given its desires for autonomy or supremacy, an organization that is assuming the stance of a closed loop often retaliates when confronted with extrinsic or contradictory information. It circles the wagons, tightens its loop and increases its security against further contradiction. The organization – whether it be corporation, nation or family – might assume that its guiding logics were simply not applied with sufficient rigor or purity, so it then squares off against the 'other' as opponent – a contradiction deemed to be the enemy of stasis. It assumes what Gregory Bateson would call the "binary" stance. Bateson observed at a number of binary patterns in human behavior, whether between individuals or between groups, as in "Republican-Democrat, political Right-Left, sex differentiation, God and the devil, and so on." He noted that people even set up binary oppositions over things that are "not dual in nature – youth versus age, labor versus capital, mind versus matter." Bateson was especially interested in how these binary relationships generate divisive situations, and he theorized that adding a third element to create a ternary organization might be a remedy. He analyzed different types of binary relationships for their degrees of rivalry, tension, violence, submission or reciprocity.[15]

The responses of global governance to industrial workers in a factory like Rana Plaza or Syrian refugees provide clear examples of the way in which organizations can sometimes oscillate between the closed loop and the binary. The worker or the migrant moving around the world exists between multiple sovereignties in a legal lacuna. Nations, or groups of nations, behave like the bastions of a single form of sovereignty that grants or denies citizenship as the only possible repertoire. For some migrating refugees or workers, the citizenship that nations have to bestow is not wanted. But the nation is a closed loop. It cannot resolve these transient beings if they do not respond to the on-off button for

  KELLER EASTERLING: HISTORIAS DE COSAS QUE NO PASAN... / HISTORIES OF THINGS THAT DON'T HAPPEN...

Dados sus deseos de autonomía o supremacía, cuando una organización que se comporta como un circuito cerrado se enfrenta con información extrínseca o contradictoria, a menudo toma represalias. Se agrupa, estrecha su circuito y aumenta su seguridad contra nuevas contradicciones. Las organizaciones – sean corporaciones, naciones o familias – simplemente asumen que sus principios orientadores no se aplicaron con suficiente rigor o pureza y se enfrentan contra un 'otro' – identificado como un oponente – pues la contradicción es la enemiga del equilibrio. Hoy, se asume lo que Gregory Bateson llamaría una postura "binaria". Él observó una serie de patrones binarios en el comportamiento humano, ya sea entre individuos o entre grupos como, por ejemplo, "el republicano y el demócrata, una política de derecha o de izquierda, la diferenciación sexual, Dios y el demonio, u otros". Señaló que las personas incluso establecen oposiciones binarias sobre cosas que "no son de naturaleza dual: juventud versus vejez, trabajo versus capital, mente versus materia". Bateson estaba particularmente interesado en cómo estas relaciones binarias generan situaciones divisivas y teorizó que agregar un tercer elemento y crear una organización ternaria podía ser una solución. Analizó, además, diferentes tipos de relaciones binarias por sus grados de rivalidad, tensión, violencia, sumisión o reciprocidad[15].

Las respuestas de la gobernanza global a los trabajadores industriales en una fábrica como Rana Plaza o los refugiados sirios son claros ejemplos de la forma en que las organizaciones pueden oscilar entre el circuito cerrado y lo binario. El trabajador o el migrante existen en un vacío legal entre múltiples soberanías. Las naciones, o grupos de ellas, se comportan como si fueran el baluarte de una única forma de soberanía cuyo único repertorio consiste en otorgar o negar la ciudadanía o el asilo. Algunos migrantes – refugiados o trabajadores – ni siquiera desean la ciudadanía que las naciones tienen para entregar. Pero la nación es un

inclusion or exclusion or if they are not addressed through the body of extant law. They are unknowable and must be ejected or warehoused. And uncomfortable with nonconforming information, the nation then assumes its default binary stance by naming the worker or migrant as an enemy or a threat that calls for more security. As philosopher Jacques Rancière has written,

> ...the immigrant appears as at once the perpetrator of an inexplicable wrong and the cause of a problem calling for the round-table treatment. Alternately problematized and hated, the immigrant is caught in a circle, one might even say a spiral: the spiral of lost political otherness, doomed to the unnameable form of hatred that goes hand in hand with the realists' wish to rid problems of 'emotions.'[16]

The "round-table" consensus about the problem, crafted between nations and other players like ISO and NGOs, offers equally unimaginative responses that institutionalize the failure. The supposed remedy is structurally incapable of addressing the real material of the problem because it has already erased that information to attain the supposed strength of a less-sophisticated consensus or consistency.

circuito cerrado. No puede dar respuesta a esos seres en tránsito si ellos no responden encendiendo o apagando el botón de inclusión o exclusión o si ellos no pueden ser abarcados por medio de la ley existente. Se transforman en desconocidos y deben ser expulsados o encerrados. Y la nación, disconforme con la información que no le sirve, asume su postura binaria habitual definiendo al trabajador o migrante como el enemigo o la amenaza que demuestra la necesidad de mayor seguridad. Como ha escrito el filósofo Jacques Rancière:

> ...el inmigrante aparece, a la vez, como el autor de un error inexplicable y la causa de un problema que exige un tratamiento de 'mesa redonda'. Alternadamente problematizado y odiado, el inmigrante está atrapado en un círculo, incluso uno podría decir un espiral: el espiral de la otredad política perdida, condenada a la forma innombrable de odio que va de la mano con el deseo de los realistas de eliminar los problemas de las emociones[16].

El consenso de las 'mesas redondas' sobre el problema – elaborado entre las naciones y otros actores como ISO y las ONG – ofrece respuestas igualmente poco imaginativas que institucionalizan la falla. La supuesta solución es estructuralmente incapaz de abordar el material real del problema, ya que ha borrado esa información para atenerse a la supuesta fuerza de un consenso menos sofisticado.

DISPOSITION

While the Shenzhen landslide or the Rana Plaza collapse were cataclysmic events that marked the failures and violence of the closed loop or the binary, often there is no such event. Alternating between the closed loop and the binary, an organization can inflict long-term, low-grade pain, attrition, or death, but the casualties are deaths from the denial of information. There are often more demonstrative signals of the binary than the closed loop. Still, this is not the violence of the drawn sword or the face-off but rather the violence of remaining intact by targeting and eliminating opposition. When an organization maintains a high level of authoritarian power over submissive subjects like workers or migrants, it does not have to physically strike them to do them harm. While there may be no single event to mark the violence, the violence is latent in the 'disposition' of an organization.

Disposition is a lucky word that means roughly the same thing in both philosophy and common parlance. Philosopher Gilbert Ryle's contemplations of disposition rely on that usage in ordinary language.[17] He describes disposition as the agency or potential immanent in arrangement – a property or propensity within a context. One might assess the disposition of someone's personality over time or the disposition of a house in relation to the weather or landscape just as one might describe the disposition of an organization. A ball on an inclined plane possesses disposition; its position and geometry in relation to gravity and the pitch of the plane set up a potential. But the ball does not need to roll down the hill to possess that potential.[18] Ryle notes that glass does not have to break to possess a brittle disposition.[19] Philosopher Stephen Mumford describes disposition as "promise" or "threat."[20] The disposition of any organization makes some things possible and some things impossible. Like a growth medium or an operating system, disposition determines what will live or die.

Si bien el derrumbe de Shenzhen o el colapso de Rana Plaza fueron eventos catastróficos que marcaron la falla y la violencia del circuito cerrado o de lo binario, usualmente no hay eventos. Alternando entre el circuito cerrado y lo binario, una organización puede infligir un dolor de liberación prolongada, una muerte por desgaste, aunque en general las muertes se deben a la negación de la información. A pesar de que hay más demostraciones de lo binario que del circuito cerrado, esta no es la violencia de una espada desenvainada o de un enfrentamiento, sino más bien la violencia de mantenerse intacto luego de identificar y eliminar la oposición. Cuando las organizaciones mantienen un alto nivel de poder autoritario sobre sujetos sumisos, como trabajadores o migrantes, no tienen que golpearlos físicamente para hacerles daño; si bien puede que no haya un solo evento que marque la violencia, esta se encuentra latente en la propia disposición de las organizaciones.

Disposición es una afortunada palabra que significa más o menos lo mismo tanto en filosofía como en el lenguaje común. Las reflexiones del filósofo Gilbert Ryle sobre la disposición se basan en su uso en el lenguaje ordinario[17]. Él describe la disposición como el potencial intrínseco a un cierto orden; una propiedad o propensión dentro de un contexto. Uno podría evaluar la disposición de la personalidad de alguien a lo largo del tiempo o la disposición de una casa en relación al clima o el paisaje tal como uno podría describir la disposición de una organización. Una pelota en un plano inclinado posee disposición: su posición y geometría en relación a la gravedad y la pendiente del plano configuran un potencial, pero la pelota no necesita rodar hacia abajo para poseer ese potencial[18]. Ryle menciona que el vaso no tiene que romperse para poseer una disposición frágil[19]. El filósofo Stephen Mumford describe la disposición como "promesa" o "amenaza"[20]. La disposición de cualquier organización hace algunas cosas posibles y otras imposibles. Al igual que un medio de crecimiento o un sistema operativo, la disposición determina qué vivirá o morirá.

An ability to detect disposition brings with it an ability to see the discrepancy between declarations; the undeclared activity that is hiding in front of our eyes. In this split screen it is easier to see how organizations decouple their promotional messages from their real dispositions to say something different from what they are actually doing. That discrepancy is a primary tool of political stealthy.

La capacidad de detectar la disposición trae consigo la capacidad de ver la discrepancia entre las declaraciones: las actividades no declaradas que se esconden frente a nuestros ojos. En esta pantalla dividida es más fácil ver cómo las organizaciones desacoplan su verdadera disposición para decir algo distinto de lo que realmente están haciendo. Esa discrepancia es una de las principales herramientas del sigilo político.

HISTORIES OF THINGS THAT HAPPEN

Since punctuating events capture the attention of the most familiar histories, the stories of violence latent in disposition often remain untold. The pyrotechnics of war are a favorite subject of history, and the struggle between capitalism and rival systems is also given plenty of stage time because it can often be portrayed as an ideological war that also leads to military war. Whatever its civilian roots, infrastructure development is also adopted as a mascot of the military. But vast changes to culture that result from markets, disease, new technologies or arts are only allowed on stage for brief intervals. The story of the assignment of the radio spectrum, for instance, is likely to be a footnote to the story of World War battles. In the body of the text, military and economic theaters are the dominant settings. The dramatic visuals of Rana Plaza collapse and the Shenzhen landslide get the attention of the media in coverage that has been rehearsed in war or natural disaster. But whatever the body count, the event is called an 'industrial accident,' and it is chronicled in a minor history of commercial events or again relegated to the footnotes. Within conventional histories these events can only be treated (if they are treated at all) like something that almost seems to come out of nowhere, even though the evidence is constantly and overtly on display.

And without collapse, crisis or overt clashes, the violence immanent in disposition remains even more invisible. It does not 'happen,' because it is ever-present as a latent property. There is nothing to point to – no image, law, no declaration or ideological ultimate. In countless factories or industrial parks that do not buckle under the weight of their own denial, there are only blatant imbalanced power dynamics with their drumbeat of daily effects – a constant aggression that is supposedly undetectable or impossible to prove. Similarly, it is as if there is nothing to see in the suburb, highway or refugee camp and no way to tell the

 KELLER EASTERLING: HISTORIAS DE COSAS QUE NO PASAN… / HISTORIES OF THINGS THAT DON'T HAPPEN…

Dado que los eventos puntuales capturan la atención, las historias de violencia latente en la disposición permanecen sin ser contadas. Las pirotecnias de la guerra son uno de los temas favoritos de la historia y también se le otorga un gran espacio en pantalla a la lucha entre el capitalismo y los sistemas rivales, ya que puede interpretarse como una guerra ideológica conducente a guerras militares. Sin importar que sus raíces sean civiles, el desarrollo de la infraestructura también es adoptado como una mascota de lo militar. Pero los grandes cambios culturales resultantes de los mercados, las enfermedades, las nuevas tecnologías o las artes sólo consiguen espacio por pequeños intervalos. Por ejemplo, es probable que la historia de la asignación del espectro de radio sea una nota al pie en la historia de las batallas de las guerras mundiales. En el cuerpo del texto, los dramas militares y económicos son el foco dominante. Las dramáticas imágenes del colapso de Rana Plaza y el derrumbe de Shenzhen atraen una atención mediática ensayada en la guerra o los desastres naturales. Pero sea cual sea el conteo de cuerpos, al evento se le llama un 'accidente industrial' y se narra como una historia menor entre eventos comerciales o es nuevamente relegado a las notas a pie. Dentro de las historias convencionales, estos eventos sólo pueden ser tratados (si es que son tratados) como algo que casi pareciera surgir de la nada, a pesar de que la evidencia es abierta y está constantemente a la vista.

Sin colapsos, crisis o enfrentamientos manifiestos, la violencia inherente a la disposición permanece aún más invisible. Ella no 'pasa', pues siempre está presente como una propiedad latente. No hay nada que señalar: ninguna imagen, ley, ni declaración o fin ideológico. En innumerables fábricas o parques industriales que no ceden ante el peso de su propia negación sólo hay una descarada dinámica de poder desequilibrada con su ritmo de efectos cotidianos; una agresión constante que es supuestamente indetectable o imposible de probar. Del mismo

story. Dispositional evidence is less authoritative, consequential or powerful than the most primitive forms of overt violence that are always able to get the attention they need to survive. In the margins, even the world's experts stand with their hand to their brow staring at refugee migrations, labor abuse, climate change or houses that are mathematically worth less than zero. There is no story that analyzes the non-economic, non-military chemistries of causation, and these failures are treated as symptoms of unresponsive or impossibly deadlocked problems.

So history fails to illuminate failure in some of its most persistent or common forms. Sometimes history is committing a control error – allowing a theoretical structure to overwhelm or reject fresh information. It is drawn to universals, elementary particles and successive rather than coexistent logics. When a political scientist/economist like Francis Fukuyama writes an essay titled "The End of History," he demonstrates the failure of history.[21] The idea that history could even rhetorically be considered to be teleological is broadly comical. Here the act of documenting the human story takes place within a philosophical meta-loop from which it cannot escape. The closed loop may again prompt a binary opposition. Historians may even spar with each other as they play with the same internal conceptual devices like a classic set of toy soldiers or a favorite chess set. Each historian working within the loop can only try to top the previous generations of historians on their own terms. Theories that shaped thought continue to shape thought not because they reflect unfolding evidence in the world but because, in a world of ideation, the circular logics are captivating. History is then an operetta with the structure of an Aristotelian tragedy that is constantly anticipating its endgame.

However lofty or progressive the intentions and declarations may be, when the habitual loop and binary dominate our approach to confronting problems, culture is left banging away with the same blunt tools. And those tools are often completely inadequate to address contemporary

modo, es como si no hubiera nada que ver en los suburbios, carreteras o campos de refugiados y ninguna manera de contar la historia. La evidencia de la disposición es menos autoritaria, importante o poderosa que las formas más primitivas de violencia manifiesta que siempre son capaces de captar la atención que necesitan para sobrevivir. En los márgenes, incluso los expertos globales se quedan de brazos cruzados mirando las migraciones de refugiados, los abusos laborales, el cambio climático o las casas que matemáticamente valen menos que cero. No hay una historia que analice las químicas de la causalidad no-militar y no-económica y, por ende, esas fallas son tratadas como síntomas de problemas sin respuesta o imposibles de desbloquear.

Entonces la propia historia falla a la hora de iluminar este fracaso en algunas de sus formas más comunes y persistentes. A veces la historia comete un *control error*, permitiendo que una estructura teórica desborde o rechace nueva información. Se siente más atraída por universalidades, partículas elementales y lógicas sucesivas en lugar de lógicas coexistentes. Cuando un economista y cientista político como Francis Fukuyama escribe un ensayo titulado "El fin de la historia" demuestra que la historia fracasa[21]. La idea de que la historia pueda retóricamente considerarse como teleológica es bastante cómica: aquí el acto de documentar la historia humana tiene lugar dentro de un metacircuito filosófico del que no puede escapar. El circuito cerrado nuevamente puede provocar una oposición binaria. Los historiadores incluso pueden discutir entre sí mientras juegan con los mismos dispositivos conceptuales internos, como si fueran soldados de juguete o piezas de ajedrez. Cada historiador que trabaja dentro del circuito sólo puede tratar de superar a las generaciones previas de historiadores en sus propios términos. Las teorías que dieron forma al pensamiento continúan moldeándolo no porque reflejen la evidencia que se despliega en el mundo, sino porque, en un mundo de ideación, las lógicas circulares son más cautivadoras. La historia es, entonces, una opereta con la estructura de una tragedia aristotélica que constantemente anticipa su final.

chemistries of power within multiple overlapping sovereignties and ballooning numbers of non-state players. The conclusions of consensus and the declarative instruments such as laws, standards, and repeatable formulas are treated as rational when they are often highly irrational, and treated as a mark of stability when they are most risky. We stay in the military-economic theater. The binaries of wars and the chest-beating Westphalian sovereignty of nations remain in place as staples of history. Homo economicus who only knows arias about loops and enemies who threaten freedom, is allowed to upstage and hold forth. Even dissent, adopting the very same loop and binary dispositions, sometimes knows what's 'good for everybody' and exists in a world of enemies and innocents.

The world's power players and bullies thrive in this world of closed loops and binaries, and they are especially crafty with the ways in which promotions and declarations can be decoupled from these underlying dispositions. They are masters of monistic demagoguery and binary head-on brutality. If their victims tighten the loop in retreat, they absorb the relinquished territory. And if their victims lash out in opposition, they are even more thoroughly nourished by the resulting rancor. But they are also masters of fluid duplicity, multiplicity and discrepancy. Al Qaeda, ISIS, the NRA, McCarthy, Putin, or Trump know how to say something different from what they are doing – offering a message discrepant from the disposition of their organization. Unburdened by truth, running rings around the earnest declaration, the discrepancy that others are futilely trying to reasonably reconcile is the material of fully mediated rumor and contagious fictions that batter the walls and work the back channels with stunning success.

Sin importar que tan elevadas o progresistas puedan ser las intenciones y declaraciones, cuando nuestro enfoque para enfrentar los problemas está dominado por binarios y circuitos cerrados, entonces la cultura golpea con las mismas herramientas obtusas. Y, usualmente, esas herramientas son completamente inadecuadas para abordar las químicas de poder contemporáneas dentro de múltiples soberanías superpuestas y un número creciente de actores no estatales. Las conclusiones del consenso y los instrumentos declarativos como leyes, estándares y fórmulas repetibles se tratan como racionales cuando sabemos que son sumamente irracionales y se presentan como una marca de estabilidad cuando sabemos que son mucho más riesgosas. Nos quedamos en el teatro económico-militar. Los binarios de las guerras y el palpitar de la soberanía westfaliana se mantienen como elementos básicos de la historia. El *homo economicus*, que sólo conoce arias de circuitos y enemigos que amenazan la libertad, tiene permiso para eclipsar y sermonear. Incluso la disidencia, que adopta los mismos circuitos y disposiciones binarias, a veces sabe lo que es 'bueno para todos' y vive en un mundo de enemigos e inocentes.

Los actores y los matones del poder mundial prosperan en este mundo de binarios y circuitos cerrados y son especialmente astutos en las formas en que sus ofertas y declaraciones pueden desacoplarse de estas disposiciones subyacentes. Son maestros de la demagogia monística y de la brutalidad binaria frontal. Si sus víctimas tensan el circuito en retirada, ellos se adueñan del territorio cedido; y si sus víctimas arremeten en contra, ellos se nutren aún más por el rencor resultante. También son maestros de la duplicidad, la multiplicidad y la discrepancia fluida. Al Qaeda, isis, la anr, McCarthy, Putin o Trump saben cómo decir algo distinto de lo que están haciendo, ofreciendo un mensaje que discrepa de la disposición en su organización. Sin la carga de la verdad, dando vueltas alrededor de la declaración más sincera, la discrepancia (que otros están tratando de reconciliar de forma inútil pero razonable) es el material de rumores completamente mediatizados y de ficciones contagiosas que manchan la imagen y operan a escondidas con un éxito sorprendente.

HISTORIES OF THINGS THAT DON'T HAPPEN

Now imagine a history on the flip side of conventional histories. Seen through half-closed eyes or a different focal length, the objects, names and declarations would be less fascinating than the network in which they are suspended. Just as one might alter the connective tissue to treat a tumor, or change chemistry of the soil to kill a weed, the central focus would be matrix rather than object. Perhaps this fantasy is something like the one that appears in an introduction to the work of Gabriel Tarde by Bruno Latour and Vincent Antonin Lépinay, as they speculate about what culture would look like if Tarde had been given more weight than Marx.[22] From oncology to economics and informatics, are arguably some contemporary investigations that favor the study of contextual practices unfolding in time rather than master narratives.[23] A history focused on matrix and disposition is one with no successive or superior knowledge, no beginning or end, no *telos*. It would relegate the histories of national and ideological wars to the footnotes. In the body of the text would be a wealth of consequential social and technical detail that is allowed to enrich the material for problem solving. The overt conflict that, it is believed, must be the driver of any narrative and that thrives on attention would be diminished by being ignored or asked to wait in the wings. And wandering out of the military and economic theaters looking for another kind of air or logic or antihistory, an altered habit of mind makes available additional evidence.

This history of 'things that don't happen,' might be structured more like an epidemiology or a branching set of thresholds and points of leverage, and it might be largely concerned with how to modulate violence in organizations by making them information rich. It would highlight agents of change that become contagious or seemingly immovable deadlocks that gradually dissolve – the conditions that prompt a bully to succeed or retreat. What is the structural key to changes like those in

Imaginemos ahora una historia al otro lado de las historias convencionales. Vista con los ojos entrecerrados o a una distancia focal distinta, los objetos, nombres y declaraciones serían menos fascinantes que la red que los sostiene. Tal como se podría alterar el tejido conectivo para tratar un tumor o cambiar la química del suelo para matar la maleza, el enfoque principal sería la matriz en lugar del objeto. Tal vez esta fantasía es similar a la que aparece en una introducción a la obra de Gabriel Tarde hecha por Bruno Latour y Vincent Antonin Lépinay, cuando especulan cómo sería la cultura si a Tarde se le hubiera dado más peso que a Marx[22]. Desde la oncología hasta la economía y la informática, algunas investigaciones contemporáneas prefieren el estudio de las prácticas contextuales de liberación prolongada en vez de las grandes narrativas[23]. Una historia centrada en la matriz y la disposición es una sin ningún conocimiento sucesivo o superior, sin principio ni fin, sin finalidad. Relegaría las historias de guerras nacionales e ideológicas a las notas a pie de página. En el cuerpo del texto habría una gran cantidad de importantes detalles sociales y técnicos que podrían enriquecer el material para la resolución de problemas. El conflicto abierto que, según se cree, debe ser el motor de cualquier narración y que florece con la atención, se verá disminuido al ser ignorado o al pedírsele que espere tras bastidores. Y al salir de los dramas militares y económicos en busca de otro tipo de aire, lógica o antihistoria, un hábito mental alterado permite evidencia adicional.

Esta historia de 'cosas que no pasan' podría estructurarse más como una epidemiología o un conjunto de umbrales de ramificación y puntos de influencia y podría estar en gran medida relacionada con cómo modular la violencia en las organizaciones al volverlas ricas en información. Resaltaría los agentes de cambio que se vuelven contagiosos o los puntos muertos aparentemente inamovibles que se disuelven gradualmente: las condiciones que impulsan a un matón a tener éxito o a retirarse. ¿Cuál es

the United States around gay marriage and smoking, and how are they different in disposition from controversies surrounding abortion or gun rights? Moments of political metastasis and remission would be staples in this alternative history.

Detecting disposition and discrepancy is not about having the right answer, following the logical proof or discovering the universal platform. But without these habits of problem solving – habits that are often ineffectual – the work is not somehow unmoored, invisible, unknowable, or magic. It is just another kind of knowledge or practice. With a tip of the hat to Gilbert Ryle, this is knowledge that is less about 'knowing that' and more about 'knowing how.'[24]

la clave estructural para cambios como los de Estados Unidos en torno al matrimonio homosexual y al tabaquismo, y cómo son ellos distintos a la disposición en las controversias sobre el aborto o los derechos de armas? Los momentos de metástasis y remisión serían claves en esta historia alternativa.

Detectar la disposición y la discrepancia no consiste en tener la respuesta correcta siguiendo la prueba lógica o descubriendo la plataforma universal. Pero sin estos hábitos de resolución de problemas – que a menudo son ineficaces – el trabajo no está a la deriva ni es invisible, desconocido o mágico. Es sólo otro tipo de conocimiento o práctica. Basándonos en Gilbert Ryle, diríamos que este es un conocimiento que trata menos sobre 'saber qué' y más sobre 'saber cómo'[24].

THINGS THAT SHOULDN'T ALWAYS WORK

This alternative history might consider, as a subject, the almost infrastructural matrix of repeatable formulas and spatial products that are a growth medium for so many global political events. This infrastructure space is not only an infrastructure of pipes and wires for utilities or transportation networks but also a rule set for reproducing – almost 3d printing – the mega cities, free zones, refugee migrations, suburbs or highways that look the same all around the globe.

Adjusting the focal length to see beyond buildings with shapes and outlines, this is the network that comes into view – the medium in which those buildings are suspended. In a culture accustomed to pointing to things and calling their names, infrastructure space is productively imponderable. Writing about socio-technical systems, Rosalind Williams observes that they are in no one place.[25] Infrastructure space is not a thing. It is too large to be assessed as an object with a name, a shape or an outline and is perhaps best assessed by the disposition immanent in its organization.

While considered to be a background space, infrastructure space is a site of so many profound but unaddressed failures. In its extrastatecraft – a realm of governance outside of, in addition to, and often in league with the State – some receive excessive immunities and others are consistent losers. It is often fueled not by cast iron economic logics but by powerful habits and fictions. And within this matrix, conventional organs of design and governance – buildings and master plans or standards and laws – have so much authority even when they are spectacularly inadequate and unimaginative.

Might the spectacular failures and powers of infrastructure space inspire nothing less than a different organ or design, different ways to register the design imagination – form making in another gear? Designers are very good at making things but working in infrastructure space is less

Esta historia alternativa podría considerar, como tema, la matriz casi infraestructural de fórmulas repetibles y productos espaciales que son un medio de crecimiento para muchos eventos políticos globales. Este espacio infraestructural no es sólo una infraestructura de tuberías y cables para servicios o redes de transporte, sino también – casi como una impresión 3D – un set de reglas para reproducir megaciudades, zonas francas, migraciones de refugiados, suburbios o carreteras que tienen el mismo aspecto en todo el mundo.

Al ajustar el foco para mirar más allá de edificios con formas y contornos, esta es la red que aparece: el medio en el que esos edificios están suspendidos. En una cultura acostumbrada a señalar las cosas y llamarlas por sus nombres, el espacio infraestructural es imponderable en términos productivos. Al escribir sobre sistemas sociotécnicos, Rosalind Williams observa que no están en un lugar específico[25]. El espacio infraestructural no es una cosa. Es demasiado grande como para ser analizado como un objeto con un nombre, una forma o un contorno; quizás es más fácil evaluarlo por la disposición inmanente en su organización.

Mientras se le considera como un telón de fondo, el espacio infraestructural es el lugar de muchos fracasos profundos de los que no se habla. En su *extrastatecraft* (un ámbito de gobernanza fuera de, sumado a, y usualmente en alianza con el Estado) algunos reciben excesiva inmunidad y otros siempre pierden. Habitualmente no está alimentado por una lógica económica pura, sino por poderosos hábitos y ficciones. Y, dentro de esta matriz, los órganos convencionales de diseño y gobernanza – edificios y planes maestros o estándares y leyes – tienen demasiada autoridad a pesar de que son espectacularmente inadecuados y carentes de imaginación.

¿Puede ser que los fracasos espectaculares y los poderes del espacio infraestructural inspiren un órgano o un diseño distinto: diferentes maneras de registrar la imaginación del diseño o un diseño formal a

like making a thing and more like having your hands on the faders and toggles of organization. Studying it trains you to see the field, like seeing the board in chess and anticipating several moves ahead. Reasonable innovations can easily be out-maneuvered by unreasonable politics. But an ability to adjust disposition in infrastructure space offers another approach to design that is not always about holding to standards and having the right answer – an approach that allows design to exploit the powers of these large systems by reaching into time and into giant macro-organization strata with moves that are potentially sneakier or more politically agile.

Detecting and designing disposition in infrastructure space can benefit from an artistic curiosity about the interactivity or chemistry between things – about reagents and spatial mixtures or spatial wiring. The designer is making not a single object, but an updating platform for inflecting populations of objects or setting up relative potentials within them. The dispositions of infrastructure space are manipulated not with solutions or comprehensive schemes but with active forms – undeclared, time-released forms or markers. They like little bits of code in a spatial operating system – multipliers, switches, governors or other little machines of interplay. They rely on 'knowing how' – a comfort with dynamic markers and unfinished processes that are too indeterminate to be practical. They offer different aesthetic pleasures and political capacities.

With these faders and toggles of infrastructure space, how might the designer feel for points of leverage and shape global agreements not as master plans, declarations, laws, or standards, but as bargains or 'ratchets' to recondition spaces over time? How do you model spatial protocols that identify linkage, interdependence, reciprocity – limited terms of interplay between spatial variables in explicit but indeterminate processes? How do you introduce spatial variables to check the economic variables that dominate global governance? How do you initiate chain reactions that are deliberately partial and would

otro ritmo? Los diseñadores (y arquitectos) son muy buenos para hacer cosas, pero el trabajo en el espacio infraestructural consiste menos en cómo hacer una cosa y más en cómo manejar los controles y las perillas de las organizaciones. Estudiarlo nos entrena para mirar el campo tal como uno mira un tablero de ajedrez y anticipa varios movimientos. Si bien innovaciones razonables podrían ser fácilmente superadas por políticas irracionales, la capacidad de ajustar la disposición en el espacio infraestructural ofrece otro enfoque de diseño que no siempre consiste en atenerse a los estándares y tener la respuesta correcta: se trata, más bien, de un enfoque que permite al diseño explotar los poderes de estos grandes sistemas, alcanzando los tiempos y estratos de una gran organización con movimientos más sigilosos o políticamente más ágiles.

Detectar y diseñar la disposición en el espacio infraestructural puede beneficiarse de una curiosidad artística sobre la interactividad o química entre las cosas – sobre los reactivos y las mezclas espaciales o el 'cableado' espacial. El diseñador no hace un objeto, sino una plataforma de actualización para transformar poblaciones de objetos o bien establecer los potenciales relativos en ellos. Las disposiciones del espacio infraestructural no se manipulan con soluciones ni esquemas totalizantes, sino con formas activas: marcadores o formas silenciosas de liberación prolongada. Les gustan los pequeños bits de los códigos de un sistema operativo espacial: multiplicadores, interruptores u otros pequeños dispositivos de interacción. Confían en el 'saber cómo'; les acomodan los marcadores dinámicos y los procesos inacabados que son lo suficientemente indeterminados como para ser prácticos. Ofrecen placeres estéticos y capacidades políticas diversas.

Con estos controles y perillas del espacio infraestructural, ¿cómo podría el diseñador preocuparse de los puntos de inflexión y dar forma a los acuerdos globales, no en forma de planes maestros, declaraciones o estándares legales, sino como negociaciones o engranajes para reacondicionar espacios en el tiempo? ¿Cómo modelar los protocolos espaciales que identifican enlaces, interdependencias y reciprocidad, es decir, términos de interacción limitados entre variables espaciales en procesos

have to be constantly tended? They could be productive or go terribly wrong – counter concentrations of authority and violence or be gamed with other intentions. How do you diagram, not solutions, but things that 'shouldn't always work' – not because they are marginal or weak, but because they need to be agile enough and have sufficient temporal dimensions to be able to respond to the moment when they are out-maneuvered?

explícitos pero indeterminados? ¿Cómo introducir variables espaciales que verifiquen las variables económicas que dominan la gobernanza global? ¿Cómo iniciar reacciones en cadena que son deliberadamente parciales y debieran ser constantemente atendidas? Podrían ser productivos o salir terriblemente mal, contrarrestar las concentraciones de autoridad y violencia o bien ser utilizados con otras intenciones. ¿Cómo diagramar, no soluciones, sino cosas que 'no siempre debieran funcionar' no porque sean marginales o débiles, sino porque debieran ser lo suficientemente ágiles y tener las suficientes dimensiones temporales como para responder cuando son sobrepasadas?

SUBTRACTION

Think about not only putting the development machine in forward but also putting it in reverse. Severe financial failures in many cites mean that many financial equations simply no longer worked. Many properties stopped being financial abstractions or trafficked mortgage products and returned to being heavy buildings on land collected and traded by land banks. Using this more physical portfolio, a subtraction protocol can offer several ways of simply linking troubled properties with sturdier densifying properties. The tax revenues from one property might help to liquidate the other, and if cities could, as a result, acquire and aggregate land for new infrastructures and projects in recently vacated land, the properties can also generate dividends for each other. A subtraction protocol might be very useful in many parts of the world, from distended McMansion suburbs to coastal flood plains, to sensitive environmental landscapes like the Amazon rainforest. A subtraction protocol might even be a safeguard against more violent ecologies of disenfranchisement. Through interdependence and exchange, no property is ever worth nothing.

Pensemos no sólo en hacer avanzar la máquina de desarrollo, sino también en ponerla en reversa. Las graves fallas financieras en muchas ciudades significan que muchas de las ecuaciones de los economistas simplemente no funcionaron. Muchas propiedades dejaron de ser abstracciones financieras o productos hipotecarios traficados y volvieron a ser simples edificios en suelos agrupados y comercializados por bancos de suelos. Utilizando este portafolio más físico, un protocolo de sustracción puede ofrecer varias formas de vincular propiedades problemáticas con propiedades más resistentes. Los ingresos por impuestos de una propiedad podrían ayudar a liquidar las deudas de otra y si las ciudades pudieran, como resultado, adquirir y agregar suelos para nuevas infraestructuras y otros proyectos en los sitios desocupados, las propiedades también podrían generar dividendos entre sí. Un protocolo de sustracción podría ser muy útil en diversas partes del mundo, desde los extensos suburbios de McMansion a los bordes costeros inundables o paisajes ambientales sensibles como la selva amazónica. Un protocolo de sustracción podría incluso ser una protección contra ecologías más violentas de privación de derechos. A través de la interdependencia y el intercambio ninguna propiedad valdría nunca nada.

WATER

In flooding coastal areas, a macro-organizational shift can change the terms of the problem. Property transactions might be considered in groups. An information-rich index – with the benefit of intelligence coming from FEMA,[26] urbanists, landscape architects, and regional environmentalists – could target and rate properties for their complementary risks and benefits or their counterbalancing attributes. In other words, in a form of matchmaking, the exchange then rates not only properties themselves but the benefits of changing use or swapping positions in the urban/regional landscape. It rates or certifies mortgage transactions that result in an advantageous relocation or consolidation of property. The more advantageous the swap, the higher the rating: a shoreline owner moves to higher ground; a year-round coastal property becomes a seasonal vacation property; a municipality is able to aggregate land for levees, revetments, dunes, or sand replenishing programs; a clearing adds value to a denser property on its perimeter by providing views and water retention. In any of these transactions, since the trade itself is worth a quotient of flood insurance and since it becomes an increasingly viable mortgage, the exchange draws investment from insurance companies and banks. For transactions that result in, for instance, a net move to high ground, banks and insurance offer lower rates and streamlined deals. The mortgage that has been a multiplier of financial, environmental and social disasters might be considered not for virtual financial abstractions but for environmental properties that offer more tangible risks and rewards.[27]

En áreas costeras inundables, un ajuste macroorganizacional puede cambiar los términos del problema. Las transacciones de propiedades pueden considerarse en grupos. Un índice rico en información – que se beneficie de la inteligencia de FEMA[26], urbanistas, arquitectos paisajistas y ecologistas regionales – podría identificar y calificar propiedades en función de sus riesgos y beneficios complementarios o de sus atributos de contrapeso. En otras palabras, por medio de un emparejamiento, el intercambio calificaría no sólo a las propiedades mismas, sino también a los beneficios de cambiar el uso o intercambiar posiciones en el paisaje urbano/regional. Calificaría o certificaría las transacciones hipotecarias que resultan de una reubicación ventajosa o de la consolidación de la propiedad. Cuanto más ventajoso sea el intercambio, mayor será la calificación: un propietario en el borde costero se movería a un terreno más alto y, de esta forma, una propiedad costera permanente se convierte en una propiedad vacacional; luego, el municipio podría agregar tierras para muelles, protecciones, dunas o programas de reposición de arena; un despeje agregaría valor a una propiedad más densa al proporcionar vistas y retención de aguas. En cualquiera de estas transacciones, dado que la transacción en sí vale una fracción de un seguro contra inundaciones y se convertiría en una hipoteca cada vez más viable, el intercambio atraería la inversión de compañías de seguros y bancos. Por ejemplo, para las transacciones que implican un desplazamiento hacia terrenos altos, los bancos y seguros ofrecerían tarifas más bajas y ofertas optimizadas. La hipoteca, que ha sido un multiplicador de los desastres financieros, ambientales y sociales, podría considerarse no para las abstracciones financieras virtuales, sino para las propiedades ambientales que ofrecen riesgos y ganancias más tangibles[27].

ZONE

One way to disrupt the global formula for the zone is to use selected incentives rather than exemptions to leverage assets for existing cities rather than exurban enclaves. Some countries like the United Arab Emirates have made access to their resources contingent on investment other industries – an 'offset' or bargain that leveraged sustaining resources.28 Other developing countries might also make a better bargain with their assets. And interplay can facilitate the investment in shared resources – assets like transit that benefit the city while delivering workers to business. This urban 'rewiring' brings more intelligence and security, more directly returns financial benefits to the domestic economy, and finally returns the enterprise and its workers to the protections and regulations of law.

Una forma de alterar la fórmula global de las zonas es utilizar incentivos selectivos en lugar de exenciones, para apuntalar activos en ciudades existentes en vez de generar nuevos enclaves suburbanos. Algunos países, como los Emiratos Árabes Unidos, han hecho que el acceso a sus recursos dependa de la inversión en otras industrias: una 'compensación' o negociación que potenció los recursos sostenibles[28]. Otros países en desarrollo también podrían hacer una mejor negociación con sus activos, y la interacción podría facilitar la inversión en recursos compartidos: activos como el transporte público que beneficia a la ciudad y a la vez lleva a los trabajadores hacia los negocios. Este 'recableado' urbano trae más inteligencia y seguridad, retorna mayores beneficios financieros directamente a la economía doméstica y, finalmente, devuelve a las empresas y sus trabajadores a las protecciones y regulaciones de la ley.

DIGITAL VILLAGE

In populous countries like Kenya digital information systems are exploding with new broadband capacities and skyrocketing numbers of cell phone. But spatial information systems are more robust when people access each other and multiply their exchanges. In Kenya, the spatial vessels that accompany digital technologies are often large highways or zone enclaves that decrease exchanges, inflate the distances between people or make cities with the topology of a closed loop. While roads are typically regarded as conduits of progress and opportunity, in rural or wilderness areas, it might be more productive to dial down roads when dialing up broadband to preserve farms and wilderness that attract global resources for tourism or education. Changing a road as well as changing a bit of code can hack a telecommunications network.

En países populosos como Kenia, los sistemas de información digital están explotando con los nuevos anchos de banda y las crecientes cantidades de teléfonos celulares. Pero los sistemas de información espacial física son más robustos cuando las personas tienen acceso a los demás y multiplican sus intercambios. En Kenia, los conductos espaciales que acompañan a las tecnologías digitales son, a menudo, grandes autopistas o zonas autónomas (enclaves) que disminuyen los intercambios, exageran las distancias entre las personas o crean ciudades con la topología de un circuito cerrado. Si bien las carreteras suelen considerarse como canales de progreso y oportunidad, en áreas rurales o naturales puede ser más productivo reducir las carreteras y aumentar la banda ancha para preservar las granjas y las áreas silvestres que atraen recursos globales para el turismo o la educación. Cambiar una carretera, así como cambiar el *bit* de un código, podría hackear una red de telecomunicaciones.

REFUGEES

Just considering inclusion or exclusion of the refugee does little to relieve the crises that accompany global migrations. Refugees are often neutralized and isolated. For extended periods of time, there can be no exchange or work, but only waiting and detention. Aging nations consider refugee population as a resource because of their relative youth, but few other assets of this population are recognized and placed in productive interplay with other opportunities and problems. Sponsoring agencies exist in many countries, and a protocol of interplay would create one-to-one links between a refugee in one country and a personal, financial or cultural sponsor in another. This sort of dispositional rewiring that multiplies one-to-one relationships between people has been successful in breaking binary deadlocks and creating cascading changes in public opinion. In the United States, shift in opinion related to gay marriage correlated to personal relationship.[29] The more people associated being gay with a friend or family member, the more tolerant they were about gay marriage. These relationships were a multiplier that became sufficiently contagious. For the refugee, if the one-to-one linkages are related to talents and resources from either party, they become even sturdier and more nuanced, but even the simple act of linkage redoubles the possibility that information can be exchanged and released rather than contained in isolation.

Considerar solamente la inclusión o exclusión del refugiado poco ayuda a aliviar las crisis que acompañan a las migraciones globales. Los refugiados a menudo son neutralizados y aislados. Durante largos períodos puede no haber intercambio o trabajo para ellos; sólo espera y detención. Las naciones envejecidas consideran a los refugiados como un recurso por su relativa juventud, pero casi no hay otras características de esta población que sean reconocidas y puestas en interacción productiva con otras oportunidades y problemas. En muchos países existen agencias patrocinadoras y un protocolo de interacción podría crear vínculos uno a uno entre un refugiado en un país y un patrocinador personal financiero o cultural en otro. Esta suerte de recableado disposicional, que multiplica las relaciones uno a uno entre personas, ha tenido éxito a la hora de romper los bloqueos binarios y crear cambios en la opinión pública. En Estados Unidos, el cambio de opinión en relación al matrimonio gay se correlaciona con las relaciones personales[29]. Mientras más personas asociaron el ser homosexual con algún amigo o un miembro de la familia, se volvieron más tolerantes respecto al matrimonio homosexual. Estas relaciones fueron multiplicadores suficientemente contagiosos. Si para el refugiado los vínculos uno a uno estuviesen relacionados con los talentos y los recursos de cualquiera de las partes, se volverían aún más resistentes y matizados. Pero incluso el simple acto de vincularse redobla la posibilidad de que la información pueda intercambiarse y liberarse en lugar de contenerse aisladamente.

DISCREPANCY

This ability of powerful institutions to manipulate a split screen – that is, to decouple their official declarations from their dispositions or say something different from what they are doing – can confound dissent. The name of the problem and the problem itself become moving targets. The dissent that is itself a closed loop of right answers and ultimate solutions is especially vulnerable. There are certainly moments when dissenters must stand up and declare opposition. Yet as important as knowing what the problem is, what to oppose, is knowing how to oppose it.

Just as disposition can be the raw material of design, discrepancy can be a raw material of dissensus rather than something to be reconciled to truth. More than just the tool of political bullies who play dirty, the split screen inspires a sly approach to political activism. The dispositions that can hide right before our eyes can be tilted toward alternative politics and surrounded by their own camouflaging bluffs. The presence of irrationality, discrepancy and imbalance – and not the homeostatic steady state – are instrumental resources.

Anyone who knows how to get things done never relies only on proper declarations, laws and standards. The designer can hardly hope to be successful without knowing how to design the spatial change as well as the spin that propels it – the discrepant stories or irrational desires that accompany any innovation. There is no transcendent revolution but rather ongoing revolutionizing. Many problems do not change because of duels or righteous binary conflicts, but rather because of dispositional, systemic changes, multipliers and population effects. The interplay that does not declare itself as the solution or the right answer can be more agile, responsive and information rich. It shouldn't always work because it is too smart to

Esta capacidad de las instituciones poderosas para manipular una pantalla dividida (desacoplar sus declaraciones oficiales de sus disposiciones o decir algo diferente de lo que hacen) puede confundir a la disidencia. El nombre del problema y el problema en sí se convierten en blancos en movimiento. La disidencia, que es en sí misma un circuito cerrado de respuestas correctas y soluciones definitivas, es especialmente vulnerable. Ciertamente, hay momentos en que la disidencia debe pararse y declarar su oposición; sin embargo, tan importante como saber a qué problema oponerse, es saber cómo oponerse.

Tal como la disposición puede ser la materia prima del diseño, la discrepancia también puede ser materia prima del disenso en vez de ser una forma de reconciliarse con la verdad. Más que una herramienta de los matones políticos que juegan sucio, la pantalla dividida inspira un enfoque sagaz para el activismo político. Las disposiciones que pueden esconderse frente a nuestros ojos pueden inclinarse también hacia una política alternativa y rodearse de las mismas ficciones camufladas. La irracionalidad, discrepancia y desequilibrio (y no un estado estable) son los recursos instrumentales.

Cualquiera que sepa cómo hacer las cosas nunca se basa únicamente en las declaraciones, leyes y normas adecuadas. El diseñador difícilmente puede tener éxito sin saber cómo diseñar los cambios espaciales y los giros que los impulsan: aquellos deseos e historias discrepantes que acompañan cualquier innovación. No hay una revolución trascendente, sino un revolucionamiento en curso. Muchos problemas no cambian a causa de enfrentamientos o conflictos binarios justificados, sino más bien debido a cambios sistémicos, disposiciones y efectos multiplicadores en la población. La interacción que no se declara a sí misma como la solución ni como la respuesta correcta, puede ser más ágil, receptiva y rica en información. No siempre debería funcionar, porque es demasiado inteligente como para

be right. It can steal some of the powers of infrastructure space and design a snaking chain of moves to worm into and generate leverage against intractable politics.

estar en lo cierto; pero sí puede robar algunos de los poderes del espacio infraestructural y diseñar una cadena de movimientos serpenteantes para perforar la coraza y generar propuestas contra las políticas problemáticas.

NOTES

1 — BUCKLEY, Chris & RAMZY, Austin. "Shenzhen, Embodying Growth, Falls Risk to It," *New York Times*, December 21, 2015. BUCKLEY, Chris & RAMZY, Austin. "Before Shenzhen Landslide, Many Saw Warning Signs as Debris Swelled." *New York Times*, December 22, 2015. BUCKLEY, Chris. "Migrant Workers Bear Brunt of Landslide." *New York Times*, December 23, 2015. BUCKLEY, Chris. "Chinese Official Offers Rare Apology Over Shenzhen Landslide." *New York Times*, December 26, 2015. BUCKLEY, Chris. "China Detains 12 People Over Shenzhen Landslide, Police Say." *New York Times*, December 28, 2015.

2 — ISLAM, Md Saidul & HOSSAIN, Md Ismail eds. "The Globalization of Production (Introduction with Tommy Kevin)". In: *Social Justice in the Globalization of Production: Labor, Gender, and the Environment Nexus.* (Basingstoke, Hampshire: Palgrave Macmillan, 2016).

3 — WESTERVELT, Amy. "Two Years After Rana Plaza, Have Conditions Improved?" *The Guardian*, April 24, 2015.

4 — See: <www.who.int/mediacentre/factsheets/fs266/en/> Accessed February 15, 2016.

5 — See: <http://climate.nasa.gov/> Accessed February 15, 2016.

6 — See: <www.inhofe.senate.gov/> Accessed February 15, 2016.

7 — REEVES, Aaron; MCKEE, Martin; STUCKLER, David. "Economic Suicides in the Great Recession in Europe and North America." *The British Journal of Psychiatry*. (June, 2014).

WILLIAMS, Rosalind. "Cultural Origins and Environmental Implications of Large Technological Systems." *Science in Context* 6 (2:1993).

8 — BBC News, "Migrant crisis: Migration to Europe explained in seven charts". March 4, 2016. <www.bbc.com/news/world-europe-34131911> Accessed February 15, 2016.

9 — BBC News, "Germany shocked by Cologne New Year gang assaults on women", January 5, 2016. <http://www.bbc.com/news/world-europe-35231046> Accessed February 15, 2016. "Danish MPs approve seizing valuables from refugees", *Al Jazeera*, January 27, 2016.

10 — World Migration Report 2015, www.iom.int

11 — MEYER, John W. & ROWAN, Brian. "Institutionalized Organizations: Formal Structure as Myth And Ceremony". *American Journal of Sociology* 83 (2:1977).

12 — BENVENISTE, Guy. *The Twenty-First Century Organization.* (San Francisco: Jossey Bass Publishers, 1994).

13 — GEREFFI, G.; GARCIA-JOHNSON, R.; SASSER, E. "The NGO-Industrial Complex". *Foreign Policy* (125:2001).

14 — EASTERLING, Keller. "Interplay". *Harvard Design Magazine* 39, "Wet Matter". (Fall/Winter 2014): 136-37. See also: <www.fairlabor.org> Accessed February 15, 2016.

15 — BATESON, Gregory. *Steps to an Ecology of Mind.* (Chicago: University of Chicago Press, 2000).

16 — RANCIÈRE, Jacques. *On the Shores of Politics.* (London: Verso, 1995).

NOTAS

1 — BUCKLEY, Chris & RAMZY, Austin. "Shenzhen, Embodying Growth, Falls Risk to It," *New York Times*, 21 de dic. de 2015. BUCKLEY, Chris & RAMZY, Austin. "Before Shenzhen Landslide, Many Saw Warning Signs as Debris Swelled." *New York Times*, 22 de dic. de 2015. BUCKLEY, Chris. "Migrant Workers Bear Brunt of Landslide." *New York Times*, 23 de dic. de 2015. BUCKLEY, Chris. "Chinese Official Offers Rare Apology Over Shenzhen Landslide." *New York Times*, 26 de dic. de 2015. BUCKLEY, Chris. "China Detains 12 People Over Shenzhen Landslide, Police Say." *New York Times*, 28 de dic. de 2015.

2 — ISLAM, Md Saidul & HOSSAIN, Md Ismail eds. "The Globalization of Production (Introduction with Tommy Kevin)". En: *Social Justice in the Globalization of Production: Labor, Gender, and the Environment Nexus*. (Basingstoke, Hampshire: Palgrave Macmillan, 2016).

3 — WESTERVELT, Amy. "Two Years After Rana Plaza, Have Conditions Improved?" *Guardian*, 24 de abril, 2015.

4 — Ver: <www.who.int/mediacentre/factsheets/fs266/en/> Consultado el 15 de febrero de 2016.

5 — Ver: <http://climate.nasa.gov/> Consultado el 15 de febrero de 2016.

6 — Ver: <www.inhofe.senate.gov/> Consultado el 15 de febrero de 2016.

7 — REEVES, Aaron; MCKEE, Martin; STUCKLER, David. "Economic Suicides in the Great Recession in Europe and North America." *The British Journal of Psychiatry*. (Junio, 2014).

WILLIAMS, Rosalind. "Cultural Origins and Environmental Implications of Large Technological Systems." *Science in Context* 6 (2:1993).

8 — BBC News, "Migrant crisis: Migration to Europe explained in seven charts". 4 de marzo de 2016. <www.bbc.com/news/world-europe-34131911> Consultado el 15 de febrero de 2016.

9 — BBC News, "Germany shocked by Cologne New Year gang assaults on women", 5 de enero de 2016. <http://www.bbc.com/news/world-europe-35231046> Consultado el 15 de febrero de 2016. "Danish MPs approve seizing valuables from refugees", *Al Jazeera*, 27 de enero de 2016.

10 — World Migration Report 2015, www.iom.int

11 — MEYER, John W. & ROWAN, Brian. "Institutionalized Organizations: Formal Structure as Myth And Ceremony". *American Journal of Sociology* 83 (2:1977).

12 — BENVENISTE, Guy. *The Twenty-First Century Organization*. (San Francisco: Jossey Bass Publishers, 1994).

13 — GEREFFI, G.; GARCIA-JOHNSON, R.; SASSER, E.. "The NGO-Industrial Complex". *Foreign Policy* (125:2001).

14 — EASTERLING, Keller. "Interplay". *Harvard Design Magazine* 39, "Wet Matter". (Fall/Winter 2014): 136-37. Ver también: <www.fairlabor.org> Consultado el 15 de febrero de 2016.

15 — BATESON, Gregory. *Steps to an Ecology of Mind*. (Chicago: University of Chicago Press, 2000).

16 — RANCIÈRE, Jacques. *On the Shores of Politics*. (London: Verso, 1995).

17 — Ryle, Gilbert. *The Concept of Mind.* (Chicago: University of Chicago Press, 1949).

18 — Jullien, Francois. *The Propensity of Things: Toward a History of Efficacy in China.* (New York: Zone Books, 1999).

19 — Ryle, *The Concept...*, 43.

20 — Mumford, Stephen. *Dispositions.* (Oxford: Oxford University Press, 1998).

21 — Fukuyama, Francis. "The End of History?" *The National Interest* 16 (1989): 3-18.

22 — Latour, Bruno; Lépinay, Vincent. *The Science of Passionate Interests: An Introduction to Gabriel Tarde's Economic Anthropology.* (Chicago: Prickly Paradigm Press, 2009).

23 — Banerjee, Abhijit; Duflo, Esther. *Poor Economics: A Radical Rethinking of the Way to Fight Global Poverty.* (New York: Public Affairs, 2012). Heeks, Richard; Stanforth, Carolyne. "Understanding E-Government Project Trajectories from an Actor-Network Perspective". *European Journal of Information Systems* 16 (2007).

24 — Ryle, *The Concept...*.

25 — Williams, Rosalind. "Cultural Origins and Environmental Implications of Large Technological Systems." *Science in Context* 6 (1993): 395.

26 — fema, The Federal Emergency Management Agency belongs to the United States Department of Homeland Security, and is aimed at coordinating the response to any disaster occurred in the United States.

27 — Easterling, "Interplay..."

28 — See: <https://tec.tawazun.ae/> and <www.mabdala.com> Accessed February 15, 2016.

29 — Lewis, Gregory B. "The Friends and Family Plan: Contact with Gays and Support for Gay Rights". *The Policy Studies Journal* 39 (2, 2011): 217-238.

17 — RYLE, Gilbert. *The Concept of Mind*. (Chicago: University of Chicago Press, 1949).

18 — JULLIEN, Francois. *The Propensity of Things: Toward a History of Efficacy in China*. (New York: Zone Books, 1999).

19 — RYLE, *The Concept...*, 43.

20 — MUMFORD, Stephen. *Dispositions*. (Oxford: Oxford University Press, 1998).

21 — FUKUYAMA, Francis. "The End of History?" *The National Interest* 16 (1989): 3-18.

22 — LATOUR, Bruno; LÉPINAY, Vincent. *The Science of Passionate Interests: An Introduction to Gabriel Tarde's Economic Anthropology*. (Chicago: Prickly Paradigm Press, 2009).

23 — BANERJEE, Abhijit; DUFLO, Esther. *Poor Economics: A Radical Rethinking of the Way to Fight Global Poverty*. (New York: Public Affairs, 2012). HEEKS, Richard; STANFORTH, Carolyne. "Understanding E-Government Project Trajectories from an Actor-Network Perspective". *European Journal of Information Systems* 16 (2007).

24 — RYLE, *The Concept* ....

25 — WILLIAMS, Rosalind. "Cultural Origins and Environmental Implications of Large Technological Systems." *Science in Context* 6 (1993): 395.

26 — FEMA, la Agencia Federal para el Manejo de Emergencias, es un organismo perteneciente al Ministerio del Interior de Estados Unidos, y su objetivo es coordinar la respuesta a cualquier desastre ocurrido en el territorio de ese país.

27 — EASTERLING, "Interplay..."

28 — Ver: <https://tec.tawazun.ae/> and <www.mabdala.com> Consultado el 15 de febrero de 2016.

29 — LEWIS, Gregory B. "The Friends and Family Plan: Contact with Gays and Support for Gay Rights". *The Policy Studies Journal* 39 (2, 2011): 217-238.